Alf Gerlach
Die Tigerkuh

Das Anliegen der Buchreihe Bibliothek der Psychoanalyse besteht darin, ein Forum der Auseinandersetzung zu schaffen, das der Psychoanalyse als Grundlagenwissenschaft, als Human- und Kulturwissenschaft und als klinische Theorie und Praxis neue Impulse verleiht. Die verschiedenen Strömungen innerhalb der Psychoanalyse sollen zu Wort kommen, und der kritische Dialog mit den Nachbarwissenschaften soll intensiviert werden. Bislang haben sich folgende Themenschwerpunkte herauskristallisiert:

Die Wiederentdeckung lange vergriffener Klassiker der Psychoanalyse – wie beispielsweise der Werke von Otto Fenichel, Karl Abraham und Otto Rank – soll die gemeinsamen Wurzeln der von Zersplitterung bedrohten psychoanalytischen Bewegung stärken. Einen weiteren Baustein psychoanalytischer Identität bildet die Beschäftigung mit dem Werk und der Person Sigmund Freuds und den Diskussionen und Konflikten in der Frühgeschichte der psychoanalytischen Bewegung.

Im Zuge ihrer Etablierung als medizinisch-psychologisches Heilverfahren hat die Psychoanalyse ihre geisteswissenschaftlichen, kulturanalytischen und politischen Ansätze vernachlässigt. Indem der Dialog mit den Nachbarwissenschaften wiederaufgenommen wird, soll das kultur- und gesellschaftskritische Erbe der Psychoanalyse wiederbelebt und weiterentwickelt werden.

Stärker als früher steht die Psychoanalyse in Konkurrenz zu benachbarten Psychotherapieverfahren und der biologischen Psychiatrie. Als das anspruchsvollste unter den psychotherapeutischen Verfahren sollte sich die Psychoanalyse der Überprüfung ihrer Verfahrensweisen und ihrer Therapie-Erfolge durch die empirischen Wissenschaften stellen, aber auch eigene Kriterien und Konzepte zur Erfolgskontrolle entwickeln. In diesen Zusammenhang gehört auch die Wiederaufnahme der Diskussion über den besonderen wissenschaftstheoretischen Status der Psychoanalyse.

Hundert Jahre nach ihrer Schöpfung durch Sigmund Freud sieht sich die Psychoanalyse vor neue Herausforderungen gestellt, die sie nur bewältigen kann, wenn sie sich auf ihr kritisches Potential besinnt.

Bibliothek der Psychoanalyse
Herausgegeben von Hans-Jürgen Wirth

Alf Gerlach

Die Tigerkuh

Ethnopsychoanalytische Erkundungen

Psychosozial-Verlag

Die Tigerkuh : ethnopsychoanalytische Erkundungen /
Alf Gerlach. - Gießen : Psychosozial-Verl., 2000
(Bibliothek der Psychoanalyse)
ISBN 978-3-89806-032-5

Bibliografische Information der Deutschen Nationalbibliothek
Die Deutsche Nationalbibliothek verzeichnet diese Publikation in der Deutschen Nationalbibliografie; detaillierte bibliografische Daten sind im Internet über <http://dnb.d-nb.de> abrufbar.

E-Mail: info@psychosozial-verlag.de
www.psychosozial-verlag.de

Umschlagabbildung: Kalligraphie »Tigerkuh« von
Pu Jiong und Hu Chunhong
Umschlaggestaltung: Till Wirth nach Entwürfen
des Ateliers Warminski, Büdingen
Printed in Germany
ISBN 978-3-89806-032-5

Inhaltsverzeichnis

Einleitung

Dieses Buch ist entstanden aus meinem Interesse an der Vermittlung von psychoanalytischer Klinik und Kulturtheorie. Es bietet keinen Überblick über den derzeitigen Stand der Ethnopsychoanalyse als wissenschaftlicher Disziplin, sondern dokumentiert Ausschnitte aus meinen persönlichen Arbeitsschwerpunkten der letzten Jahre. Dabei steht die Wechselwirkung zwischen sozialen und psychischen Vorgängen, zwischen der von Macht und Herrschaft gekennzeichneten Gesellschaft und Kultur und der individuellen Psychodynamik des Einzelnen im Mittelpunkt meiner Orientierung, die sowohl für meine klinische Arbeit als praktizierender Psychoanalytiker als auch für meine soziologischen und später ethnopsychoanalytischen Studien erkenntnisleitend blieb. Dabei verdanke ich v.a. der Arbeit von G. Devereux, der mit seiner »komplementaristischen Methode« neue Perspektiven für diesen Ansatz eröffnete, entscheidende Impulse.

Klinische und ethnopsychoanalytische Erfahrungen

In der Psychoanalyse als theoretischer Wissenschaft vom Menschen aber auch als therapeutischer Methode geht es darum, immer wieder das Unbewußte sowohl des Analytikers als auch seines Analysanden in den Mittelpunkt des Interesses zu rücken. Die psychoanalytische Methode bedient sich dabei der Entfaltung von Übertragung, Gegenübertragung und Widerstand in der psychoanalytischen Begegnung und zielt auf Erkenntnis der unbewußten psychischen Vorgänge. Dazu muß grundsätzlich jede seelische Erscheinung und Äußerungsform in Frage gestellt werden können, um sie daraufhin zu untersuchen, wie sie durch unbewußte Einflüsse geformt und evtl. auch deformiert ist; somit wird immer wieder unsere Tendenz zur Täuschung und Selbsttäuschung in Frage gestellt.

Im analytischen Prozeß geschieht die Begegnung mit dem Unbewußten eines anderen Menschen in der Regel allerdings auf dem Boden eines gemeinsam geteilten Symbol- und Sinnsystems: Vor allem die gemeinsame Sprache, aber auch die Zugehörigkeit zur gleichen Gesellschaft und oft zur gleichen Klasse mit weitgehend ähnlichen Sozialisationserfahrungen bilden einen Bedeutungshintergrund, der nur selten auch analytisch reflektiert werden kann. Erst bei der analytischen Arbeit mit einem Angehörigen einer anderen sozialen Schicht, einer anderen Kultur oder eines anderen Sprachraumes werden die Zusammenhänge zwischen gesellschaftlichen, institutionellen Verhältnissen und innerseelischen Strukturen und Prozessen deutlicher. Erst dann wird der Blick dafür frei, daß auch das kulturelle Milieu darüber entscheidet, welche Triebe und Phantasien unmittelbar kulturell ausgearbeitet werden, welche nur einen indirekten Zugang zu Äußerungsmöglichkeiten erhalten und welche gänzlich unbewußt bleiben oder verdrängt werden. Dies kann für den Analytiker eine Quelle erheblicher Irritation werden. Die Konfrontation mit dem Fremden in der anderen und der eigenen Kultur, die zur Begegnung mit dem fremdseelischen Erleben des Analysanden hinzutritt, erschwert dem Analytiker seine Verstehensarbeit; in ihm können Gegenübertragungsaffekte wach werden, deren Bewältigung ihm eine zusätzliche Arbeit aufbürdet. In der Regel kommt es zu einer Mischung von Faszination und Befremdung, die sich als Gegenübertragungswiderstand auswirkt. Dieser Gegenübertragungswiderstand ist aber nicht nur Hindernis für den Verstehensversuch auf Seiten des Analytikers, sondern zugleich, wenn er bearbeitet werden kann, wichtige und oft entscheidende Quelle für ein vertieftes Verständnis von Psychodynamik und Kultur des Analysanden.

Diese Überlegungen aus der psychoanalytisch-klinischen Arbeit mit Analysanden aus fremden Kulturen behalten ihre Gültigkeit, wenn der Psychoanalytiker ethnopsychoanalytisch in der fremden Kultur zu forschen beginnt. Dabei stellt er sich und seine Methode zur Verfügung, wenn auch unter veränderten Settingbedingungen. Dies kann sowohl bei der ethnologischen und psychiatrischen Untersuchung ritualisierten Verhaltens in einer fremden Kultur sein (vgl. Kapitel »Die bemächtigende Frau«) als auch bei einer Serie von Gesprächen mit Angehörigen einer fremden Kultur (vgl. Kapitel »Das Trauma der Kulturrevolution«). Erkenntnisleitend bleibt dabei die Untersuchung der Prozesse von Übertragung und Gegenübertragung und der spezifischen Widerstände, die als Reaktion auf die durch das beobachtete Material erzeugte Angst auftreten. So verlangt z.B. die Tatsache, daß ein psychisch bedeutsames universelles Phänomen auf der bewußten, kulturwirksamen Ebene nicht auftaucht, eine Analyse der psychodynamischen Prozesse, die für die Verdrängung dieses Phänomens in der jeweiligen Kultur verantwortlich sind. Dies gilt sowohl für Aspekte der jeweils fremden Kultur als auch für die verdrängten Triebaspekte der eigenen Kultur, die auf diese Weise überhaupt erst bewußt und damit auch »fremd« werden können und auf diese Weise Angst auslösen.

Insbesondere Devereux (1967, S. 67ff) hat sich mit den bei jeder verhaltenswissenschaftlichen Forschung möglichen Ängsten auseinandergesetzt und dabei folgende Möglichkeiten unterschieden:

1. Die Untersuchung fremder Kulturen konfrontiert den Forscher oft mit Material, das er selbst verdrängt hat. Diese Erfahrung löse nicht nur Angst aus, sondern werde oft auch als Verführung erlebt. In diesem Sinne würde ich von einer Versuchungs- oder Triebangst sprechen.
2. Der »Narzißmus der kleinen Differenz«(Freud 1921) lasse den Forscher unvertraute Ansichten und Verhaltensweisen als Kritik der eigenen auslegen, was zu einer negativen Reaktion auf sie führen könne.
3. Reagiert der Forscher auf in der eigenen Gesellschaft tabuisierte Verhaltensweisen mit offener oder geheimer Sympathie, könne dies soziale Schuldgefühle auslösen.
4. Die Kommunikation zwischen dem Unbewußten des Forschers und des Beobachteten könne sich bis zu einem Gefühl der »Verführung« steigern, auf das selbst Analytiker mit Angst und Widerstand reagierten.
5. Auch der segmentäre Charakter der bewußten Kommunikation könne Angst erzeugen. Verstehe man nur Teilaspekte, komme es oft zu einer Überreaktion in Form des Glaubens, mehr zu verstehen als das wirklich der Fall ist.
6. Manchmal komme es zu einer Verbindung der Abwehr gegen »Überkommunikation« auf der unbewußten Ebene mit einer Abwehr gegen »Unterkommunikation« auf der bewußten Ebene.

Daraus resultiere oft eine ängstliche Einengung der Interpretationsmöglichkeiten auf die für den Forscher psychisch erträglichen.

Ich selbst würde diese Liste um folgende Möglichkeiten erweitern:
1. Scham als Widerstand bei einer Verletzung des narzißtischen Selbstideals: Führt die Konfrontation mit einem persönlich oder in der eigenen Kultur verdrängten Aspekt zu einem Gefühl der Beschämung, daß man sich dieses Faktums bisher nicht bewußt war, so kann daraus eine Tendenz zur Nichtanerkennung des in der fremden Kultur manifesten Verhaltenszugs und eine Einengung der Möglichkeiten zu dessen psychodynamischer Interpretation resultieren.
2. Die Begegnung mit in der eigenen Kultur verdrängten Wünschen und Phantasien kann nicht nur Versuchungsängste und Schuldgefühle mobilisieren, sondern auch starke Trennungsängste auslösen. In diesen Fällen ist weniger die inzestuös-ödipale innere Welt des Forschers berührt, sondern die Bandbreite der präödipalen Trennungswünsche und -ängste, die zu einer Flucht vor der weiteren Auseinandersetzung mit dem bisher tabuisierten Material führen kann.

Der Psychoanalytiker, der Patienten aus einer fremden Kultur behandelt oder ethnopsychoanalytisch in einer fremden Kultur forscht, sollte im Prozeß seiner beständigen Selbstanalyse diese Gefahren kennen, sich ihnen analytisch stellen und diesen Erkenntnisweg systematisch nutzen können. Dazu gehört eine beständige selbstreflexive Haltung, die auf die Erforschung seiner eigenen inneren Welt, v.a. seiner Gegenübertragungsreaktionen, gerichtet ist.

Ethnisches und idiosynkratisches Unbewußtes

Freud hat in seinen religions- und gesellschaftskritischen Schriften besonders die Rolle des Über-Ichs betont, über das gesellschaftliche Einflüsse einen Niederschlag in der individuellen Psyche finden können. In seinem Strukturmodell entstehen aus den Widersprüchen zwischen den drei psychischen Instanzen Es, Ich und Über-Ich

Konfliktlösungsversuche, wobei die Konflikte jeweils nach der entsprechenden Stärke der einzelnen psychischen Instanzen gelöst werden. Das Über-Ich, das in seiner Genese kindliche Phantasien und gesellschaftliche Anpassungsforderungen aufnimmt, kann dabei bestimmte Verdrängungen erzwingen. Darauf aufbauend hat Anna Freud den Begriff des »Charakters« definiert:

> Was wir Charakter nennen, ist nichts anderes als die Summe der Haltungen, die das Ich eines Individuums seinen Konflikten gegenüber einnimmt, d.h. die Entscheidungen, welche Triebansprüche zur Befriedigung zugelassen, welche abgewiesen werden sollen, und welcher Mittel sich das Ich in der Abwehr gegen die von innen und außen drohenden Gefahren bedient. (A. Freud 1970, S.86)

Von ihrer Genese her können wir die Charakterzüge begreifen

> als Sublimierung bzw. Reaktionsbildung bestimmter sexueller (im erweiterten, von Freud so gebrauchten Sinn) Triebregungen, bzw. als Fortsetzung bestimmter in der Kindheit diesen Triebregungen koordinierter Objektbeziehungen. (Fromm 1970, S.42)

Da die Vermittlung dieser Charakterzüge über den Einfluß des Über-Ichs auch gesellschaftlich bestimmt ist, lassen sich für jede spezifische Gesellschaft typische, durchschnittliche Charakterzüge für die Mitglieder ihrer Schichten und Klassen finden, die in ihrer Gesamtheit verschiedene »Sozialcharaktere«prägen. Läßt sich der innere Aufbau eines Charakters auch nur aus der Triebdynamik des Einzelnen herleiten, so erlauben die Konflikte, die in zahllosen Individuen identische, typische Gestalten annehmen, doch, von »Sozialcharakter« zu sprechen.

Die wissenschaftliche Arbeit mit dem Begriff des »Sozialcharakters« hat v.a. in der Soziologie ihren Platz gefunden und z.B. die Studien von Adorno, Horkheimer, Fromm und anderen über die »Autoritäre Persönlichkeit« geprägt; sie hat auch einen Niederschlag in der amerikanischen »culture and personality«-Forschung gefunden (vgl. hierzu Reichmayer 1995). Für die Ethnologie, die über die Grenzen der eigenen Gesellschaft und Kultur hinausgeht, und für die Ethnopsychoanalyse hat Devereux (1978) die Idee entwickelt, daß es die ethnopsychoanalytische Arbeit erleichtert, wenn wir zwischen einem ethnischen und einem idiosynkratischen Unbewußten unterscheiden. Das ethnische Unbewußte ist von kulturtypischen Verdrängungsprozessen bestimmt, die von den für eine bestimmte Ethnie typischen Traumen ihren Ausgang nehmen und jeden Angehörigen dieser Kultur betreffen:

> Jede Kultur gestattet gewissen Phantasien, Trieben und anderen Manifestationen des Psychischen Zutritt zu und das Verweilen auf bewußtem Niveau und verlangt, daß andere verdrängt werden. Dies ist der Grund, warum allen Mitgliedern ein und derselben Kultur eine gewisse Anzahl unbewußter Konflikte gemeinsam ist. (Devereux 1974, S. 11)

Das idiosynkratische Unbewußte dagegen läßt sich nur aus dem individuellen Schicksal des Einzelnen in seiner gegebenen Kultur verstehen. Beide Formen des Unbewußten verhalten sich komplementär zueinander; ebenso wie soziologische und psychoanalytisch-individuelle Erkenntnisse lassen sie sich nicht gegeneinander austauschen oder aufeinander reduzieren. Das jeweilige Erkenntnisinteresse des Beobachters entscheidet darüber, welche Ebene sichtbar gemacht werden kann. Allerdings ergänzen sich dann die mit unterschiedlichen Zugangswegen gewonnenen Erkenntnisse, bilden eine »komplementaristische Einheit«. So hat Devereux für die mit den Mitteln der Psychoanalyse einerseits, durch ethnologische Beobachtung andererseits gewonnenen Ergebnisse festgehalten:

> Wenn alle Psychoanalytiker eine vollständige Liste aller im klinischen Bereich feststellbaren Triebe, Wünsche und Phantasien aufstellten, so deckte sich diese Punkt für Punkt mit einer von den Ethnologen zusammengestellten Liste aller bekannten kulturellen Glaubensvorstellungen und Handlungsweisen. (Devereux 1978, S. 78)

Diesem methodischen Vorschlag Devereux' zu folgen, habe ich in meinen Beiträgen über das Geschlechterverhältnis in China, über die Verdrängung des Kannibalismus und über Hexenforschung in Psychoanalyse und Geschichtswissenschaft versucht. In ihnen gehe ich aus von klinisch-analytischen Fallvignetten aus Einzel- oder Gruppenbehandlung und kontrastiere das Material mit ethnologischen, anthropologischen, religionswissenschaftlichen und historischen Untersuchungsbefunden. Dadurch ergibt sich eine wechselseitige Bereicherung und Anregung, die sowohl für das klinische Arbeiten als auch für die Erkenntnisbildung in den anderen Wissenschaften fruchtbar wird. Zugleich läßt sich durch diese Anwendung der komplementaristischen Methode die Auffassung stützen, daß jeder Versuch einer Anwendung der psychoanalytischen Klinik ohne Bezug zur analytischen Kulturtheorie zu einer weiteren Verarmung der Psychoanalyse als Wissenschaft beitragen muß.

Ethnopsychoanalytische Erkundung heißt für mich aber auch, den Analytiker in seinem Arbeiten in der Begegnung mit Analysanden aus einer fremden Kultur lebendig werden zu lassen. Die Beiträge über die Psychoanalyse einer französischsprachigen Patientin und über die analytische Therapie eines Chinesen spiegeln die besonderen Schwierigkeiten solcher Begegnungen, die allerdings in einer Welt, in der Vertreibung, Exil und Migration zum Alltag gehören, auch für den Psychoanalytiker und Psychotherapeuten zunehmen.

Der letzte Beitrag schließlich, den ich zusammen mit Antje Haag verfaßt habe, zeigt den Psychoanalytiker mit seinem analytischen Instrumentarium in einer fremden Kultur. Im Rahmen eines Ausbildungsprojekts wurde hier das Angebot an die Ausbildungsteilnehmer, in Gesprächssequenzen von jeweils fünf Sitzungen sich auf inneres Erleben einzulassen, zu einer ethnopsychoanalytischen Forschung, die unerwartete Ergebnisse zeitigte.

Alle drei hier vorgestellten Möglichkeiten ethnopsychoanalytischer Erkundung - die direkte Anwendung der komplementaristischen Methode, die psychoanalytische Arbeit mit Patienten aus fremden Kulturen, die ethnopsychoanalytische Forschung in der fremden Kultur - tragen dazu bei, daß die Psychoanalyse über ihre Anwendung als therapeutische Methode hinaus den Status einer wirklichen Wissenschaft vom Menschen für sich beanspruchen darf.

China und die Chinesen

Wenn in den folgenden Beiträgen immer wieder Bezüge auf die chinesische Kultur und »die Chinesen« auftauchen, so ist dies eine Wahl, die mit meinem langjährigen Kontakt mit Chinesinnen und Chinesen und mit einer besonderen Vertrautheit mit ihren Lebensumständen, ihrer Geschichte, ihrer Kunst und ihrer Psyche zu tun hat. So wie jeder Ethnologe im Lauf seiner wissenschaftlichen Ausbildung eine spezifische

Ethnie genauer erforscht, und schon die Wahl dieser Ethnie, ob zufällig oder bewußt, eine besondere Bedeutung hat, so stellt sich auch für mich die Frage nach den besonderen Umständen dieses Interesses. Im Lauf meines Soziologiestudiums hatte ich als Nebenfach neben Sozialpsychologie, Geschichte und Sozialmedizin auch Ethnologie belegt, mich in dieser Zeit aber v.a. mit afrikanischen Ethnien beschäftigt. Diese Orientierung wurde noch verstärkt, als ich an der Frankfurter Universität mit der Psychoanalyse in Kontakt kam und die ethnopsychoanalytischen Studien von Parin, Parin-Matthey und Morgenthaler las, die die Dogon (1983) und die Agni (1971) in Westafrika betreffen.

Als ich deshalb 1980 der Einladung einer Kollegin folgte, mit ihr und ihrer Familie zusammen die chinesische Sprache zu erlernen, hatte dies zunächst mit einem allgemeinen Interesse an Reisen in fremde und ferne Länder zu tun, nicht mit einer spezifischen Wahl. Schnell allerdings faszinierte mich, daß Hören und Sprechen des Chinesischen sich für mich als eher einfach herausstellten. Trotz der für Europäer schwierigen Wahl der richtigen Tonhöhe fand ich v.a. die Grammatik wegen fehlender Konjugation und Deklination leicht zu bewältigen. Nur die Schrift blieb mir als besonderes Hindernis: Versprach sie einerseits wegen ihrer Ableitung aus einer ursprünglichen Bildersprache leichte Zugänglichkeit, so blieb sie mir dennoch bis heute fremd und wirkt auf mich wie eine ständige Einladung, mich mehr an ihr zu versuchen.

Inzwischen tauchten dann doch Erinnerungen auf, die China mit einer besonderen pubertären Entdeckungssehnsucht in Verbindung brachten. Ich erinnerte mich der spannenden Lektüre dieser Jahre von »Die Räuber vom Liang Schan Moor« und von »Der Traum der Roten Kammer«. Beide Werke haben ihre Spuren bis in meine heutigen Forschungen hinterlassen. In den »Räubern vom Liang Schan Moor« sind kannibalische Gelüste und Praktiken in deftiger Weise geschildert:

> Dann werde man das ›Öchslein‹ schlachten und den Großen Häuptling mit einer aus seinem Herzen und seiner Leber bereiteten kräftigen ›Ernüchterungssuppe‹ erfreuen und aus den weniger edlen Teilen des Öchsleins einen leckeren Festbraten für die Bande bereiten. (Bd. 1, S.302)

Ich erinnere mich, daß diese Lektüre eine besondere Faszination hinterließ, da hier im Unterschied zu den mir damals bekannten Märchen und Mythen, die vom Kannibalismus in imaginierter Form handeln, kannibalische Praktiken als selbstverständlich und alltäglich im Rahmen eines Romans auftauchten. Und genau diese Frage, wieweit Kannibalismus nur imaginiert und auf fremde Ethnien projiziert oder doch real vorstellbar ist und praktiziert wird, wird mich im Kapitel »Die Verdrängung des Kannibalismus« unter psychoanalytischer Perspektive wieder beschäftigen. Auch die Wirrungen der psychosexuellen Entwicklung der Hauptfigur im »Traum der Roten Kammer«, deren pubertäre Femininität und Androgynität, hatten mich als Jugendlichen gefesselt und tauchen als wissenschaftliches Interesse an der Geschlechterspannung in China im Kapitel über »Die bemächtigende Frau« wieder auf.

Hier geht es also um ein individuelles, in meiner Persönlichkeitsentwicklung verankertes Entgegenkommen, als spezifische Gegenübertragung auf meinen Forschungsgegenstand, die China zu »meiner« Ethnie werden ließ, an der ich unter unterschiedlichen Aspekten als Psychoanalytiker interessiert blieb. Deshalb enthalten auch alle Beiträge dieses Buches Bezüge zur chinesischen Kultur, bis auf den Beitrag »Vatersprache, Muttersprache«, in dem ich am Beispiel einer Analyse den Schwierigkeiten nachgehe, die im analytischen Prozeß entstehen, wenn Analytiker und Analysand nicht dieselbe muttersprachliche Erfahrung hatten. Diese Schwierigkeiten prägen allerdings auch meine ethnopsychoanalytische Arbeit mit Chinesen, sei es im Rahmen von Selbsterfahrungsgesprächen innerhalb eines Ausbildungsprojektes (»Das Trauma der Kulturrevolution«), sei es bei der psychotherapeutischen Arbeit mit einem chinesischen Gastwissenschaftler (»Die Tigerkuh«). Leben diese Beiträge von der direkten Begegnung im analytischen Dialog, so war bei meiner Beschäftigung mit der »Verdrängung des Kannibalismus« die Kenntnis der chinesischen Geschichte und Kultur hilfreich, um einen als allgemein gültig angenommenen Aspekt der Auseinandersetzung von Ethnien mit Kannibalismus zu widerlegen, nämlich daß dieser immer nur einer fremden, nie der eigenen Kultur zugeschrieben worden sei. Ebenso nahm ich in das Kapitel über die »Hexenforschung« einen Absatz zu Hexenglauben und Hexenverfolgungen in China auf, um deutlicher die allgemeinen Grundzüge der Projektion unbewußter Konflikte nachvollziehbar werden zu lassen.

Die bemächtigende Frau

Neid und Angst im chinesischen Geschlechterverhältnis

Geschlechterspannung

In der psychoanalytischen Diskussion um die Geschlechterdifferenz geht es nicht nur um die realen biologischen, psychischen und sozialen Unterschiede zwischen Mann und Frau in einer gegebenen Kultur, sondern vor allem um die bewußten wie unbewußten Phantasien, die mit dem Geschlechtsunterschied verknüpft sind. Aktuelle psychoanalytische Konzepte (z.B. Reiche 1990; Fast 1991) gehen davon aus, daß für beide Geschlechter entwicklungspsychologisch die Auseinandersetzung mit der anatomischen Unterschiedlichkeit eine bedeutende Rolle spielt. Dabei wird der Überwindung von Verleugnung und Neid ein besonderer Wert beigemessen: Verleugnung würde zu einem Entwicklungsstillstand und zu perversen oder psychotischen Lösungsversuchen führen, anhaltender Neid in Neurose und Beziehungskonflikten enden. Nur eine realitätsgerechte Anerkennung der eigenen wie der fremden Anatomie kann dazu beitragen, daß z.B. eine idealisierende Aufwertung des einen und damit einhergehende Abwertung des anderen Geschlechts mit den im Unbewußten typischen Umkehrungen der Wertigkeit aufgegeben werden kann. Sonst bliebe unbewußter Neid ein ständiges starkes Hindernis, die in der eigenen Geschlechtlichkeit liegenden Möglichkeiten wahrzunehmen, sich daran zu erfreuen und zugleich das Potential des anderen Geschlechts als Ergänzung und Bereicherung zu erleben.

Auch für die eigene westliche Kultur sind die Fragen nach dem Verhältnis der Geschlechter zueinander, nach der kulturell vorgegebenen manifesten wie latenten Verteilung von Einfluß und Macht, nach der wechselseitigen Wahrnehmung und dem bewußten wie unbewußten Erleben des eigenen und des anderen Geschlechts noch weitgehend unbeantwortet. Gegenstandsbereich der Psychoanalyse ist dabei insbesondere die innerpsychische Beziehung von Mann oder Frau zum eigenen und zum anderen Geschlecht, wie sie z.B. Reiche (1990) mit dem Begriff der »Geschlechterspannung« zu fassen versucht hat. Diese Geschlechterspannung ist in der psychoanalytischen Behandlung als Übertragung erleb- und analysierbar, wodurch der psychoanalytische Prozeß zu einem Ort der Erforschung individueller wie kultureller Aspekte dieser Spannung werden kann. Dies bedeutet aber zugleich eine Beschränkung für die psychoanalytische Ergründung des Geschlechterverhältnisses in Kulturen ohne eigene analytische Tradition, in denen keine mittels der analytischen Methode von freier Assoziation und gleichschwebender Aufmerksamkeit gewonnenen Erkenntnisse verfügbar sind.

Meine folgenden Überlegungen zum Geschlechterverhältnis in der chinesischen Kultur basieren einerseits auf psychoanalytischen Kurztherapien mit in Deutschland lebenden Chinesen sowie psychoanalytischen Interviews mit Intellektuellen in China, andererseits auf einer ethnopsychoanalytischen Studie zu Koro-Epidemien in Südchina, bei denen unbewußt projizierte Phantasien und Ängste der Geschlechter untereinander in einer kollektiven psychosozialen Kompromißlösung ihren Ausdruck finden.

Kastrationsangst und Passivität

Herr Xao, ein 30jähriger chinesischer Chemiker, der zu einer mehrjährigen Fortbildung in Deutschland weilte, wurde mir vom Kollegen der psychosomatischen Abteilung des Stadtkrankenhauses überwiesen, der um mein Interesse an China wußte. Herr Xao präsentierte sich mir schon vor dem ersten persönlichen Kontakt als Vertreter einer neuen, an moderner Technik und selbstbewußtem Auftreten orientierten chinesischen Generation, indem er sich per e-mail nach dem Anfahrtsweg zu meiner Praxis erkundigte. Sein Auftreten im ersten Gespräch war raumgreifend und dynamisch, und er vermittelte mir schnell die Vorstellung, daß er sich in einer untergründigen Rivalität mit mir fühlte, deren Inhalt allerdings unklar blieb. Herr Xao schilderte mir seine Prüfungsängste, die ich aufgrund der initialen

Szene zunächst als Ausdruck eines inneren Konfliktes zwischen eigenen aggressiven Impulsen und reaktiven unbewußten Schuldgefühlen verstand. Dieser Konflikt ließ sich auch lebensgeschichtlich gut mit ständigen heftigen Zurückweisungen durch den Vater verbinden, den er insgeheim schätzte und verehrte und nach dessen Liebe er sich sehnte, den er zugleich aber auch, nach vielen Enttäuschungen, herabsetzte und verachtete.

Im weiteren Verlauf kam Herr Xao auch auf seine sexuellen Schwierigkeiten in der Beziehung zu seiner Frau zu sprechen, die sich in einer weitreichenden Hemmung äußerten, sich ihr zu nähern. Er schilderte sich als Mann, der zunächst viel Zärtlichkeit und aktives Entgegenkommen von Seiten der Frau brauche, der sich »am liebsten verführen lassen wolle«. Er hatte seine Frau, nach vielen Affären mit anderen Frauen, an seinem Arbeitsplatz in Shanghai kennengelernt und sie schließlich geheiratet, obwohl sie eigentlich an einem Freund von ihm interessiert gewesen sei. Ihn habe aber fasziniert, daß sie ihm nicht wie die anderen Frauen hinterherlief, sondern eher desinteressiert und abwartend wirkte, dabei aber eine untergründige Sinnlichkeit ausstrahlte. Daneben besitze sie die mütterlich-fürsorglichen und zärtlichen Züge, die er an der eigenen Mutter immer vermißt habe. Sie sorge und koche für ihn, nur die sexuelle Beziehung sei in den letzten Jahren »eingeschlafen«. Letztlich habe sich ein Verhältnis wie zwischen »kleinem Bruder« und »großer Schwester« zwischen ihnen eingespielt. Als seine Frau während der Zeit in Deutschland ein Verhältnis zu einem seiner hiesigen Freunde begann, sei er zwar erschrocken, habe sich aber mit ihr nicht darüber auseinandersetzen können.

In einer späteren Sitzung bringt Herr Xao seine Hemmung, aktiv-fordernd auf seine Frau zuzugehen, assoziativ mit dem Erleben einer Höhenangst auf dem Pariser Eiffelturm in Verbindung: Damals habe er intensive Angst verspürt, die sich körperlich als Taubheitsgefühl in seinen Genitalien ausgebreitet habe, so daß diese sich wie ein von ihm getrenntes Anhängsel angefühlt hätten. Ähnlich gehe es ihm nun bei der Vorstellung erotischer Spannung seiner Frau gegenüber: Alles dränge ihn dann zum Rückzug, und er brauche dann eine Zeit des Alleinseins oder der Konzentration auf seine Arbeit, um diese Angst loszuwerden.

Dieselbe Duldsamkeit und Passivität, erotische Zurückhaltung und mit Kastrationsängsten durchsetzte Schilderungen des Körpererlebens im Kontakt mit Frauen konnte ich bei einer Vielzahl der chinesischen Intellektuellen finden, mit denen ich in China ethno- psychoanalytische Gespräche führte. Im Vergleich zu Männern der eigenen Kultur schien mir die innere Geschlechterspannung deutlicher akzentuiert durch die untergründige Angst vor Überwältigung und Bemächtigung. Faszination durch die erregenden Qualitäten des anderen Geschlechts hielten sich die Waage mit unbewußten Ängsten vor Kastration und Verschlungenwerden. Oft fanden sich für diese Haltung Sublimierungsmöglichkeiten wie ein besonderes Interesse an der Kunst und Literatur oder eine Betonung der Bindung an die Beziehungen zu Kolleginnen und Kollegen am Arbeitsplatz. Oft war diese innere Konstellation auch eingebunden in eine psychosoziale Kompromißbildung, welche die konfuzianische Familientradition bereithält: Danach ist die Ehefrau nicht in erster Linie Gattin ihres Mannes, sondern zunächst Schwiegertochter der Eltern des Mannes, zu denen sie in ein besonderes Verpflichtungsverhältnis eintritt. Die innere Ausgestaltung der Beziehung zu seiner Frau, die Herr Xao in die Begriffe »kleiner Bruder« und »große Schwester« gekleidet hatte, findet so ihr Entgegenkommen in der starken Betonung der Position einer »gehorsamen Tochter«, die der Schwiegertochter im klassischen chinesischen Familienverständnis zufällt.

Das ethnologische Material, auf das ich mich im folgenden beziehe, ist mir erstmals während zweier Forschungsaufenthalte im Süden Chinas 1983 und 1985 zugänglich geworden. Ich war damals an einem wissenschaftlichen Erfahrungsaustausch mit der Psychiatrischen Klinik in Kanton beteiligt und begann, mich für das chinesische Alltagsleben wie für die kulturellen Determinanten bestimmter Verhaltenseigentümlichkeiten zu interessieren. Während unseres Aufenthaltes 1985 kam es dann auf der Insel Hainan, die dem chinesischen Festland am südlichen Ende vorgelagert ist, zu jener eigenartigen »Koro«-Epidemie, bei der im manifesten Erleben aller am Geschehen Beteiligten Angst vor phantasierten Angriffen auf die körperliche Integrität im Mittelpunkt steht, zugleich aber unbewußter Neid zwischen den Geschlechtern eine entscheidende Rolle zu spielen scheint.

Die Koro-Epidemie auf Hainan

Die Insel Hainan, flächenmäßig nur wenig kleiner als Taiwan, ist dem chinesischen Festland am südlichen Ende vorgelagert und ragt dort in das südchinesische Meer hinein. Hier kam es zuletzt im Jahre 1985 zu einer psychischen Massenepidemie, genannt »Koro«, die schon vom oberflächlichen Erscheinungsbild her psychoanalytisches Interesse in besonderem Maße weckt, geht es dabei doch um die mit Todesangst verknüpfte Vorstellung, Penis, Nase, Finger oder Brüste könnten sich in den Körper zurückziehen und der Betroffene müsse daran sterben. Nun sind vereinzelte, sporadische Fälle von »Koro« in der psychiatrischen Literatur verschiedener Länder belegt; auch in China selbst sind solche Einzelfälle bekannt; eine erste psychoanalytische Studie zu einem solchen Fall in China hatte F. Kobler 1948 im Psychoanalytic Review unter dem Titel »Description of an acute castration fear, based on superstition« vorgelegt. Berichte über Epidemien gibt es bisher aus Singapur (Ngui 1969), Thailand (Jilek und Jilek-Aall 1977), Indien (Chakraborty, Das und Muherji 1983) und Nigeria (Süddeutsche Zeitung, 7.11.1990). Diese Epidemien blieben aber jeweils einmalige Ereignisse, während die Epidemien in Südchina mit einer gewissen Periodizität wiederkehren (vgl. Tseng u.a. 1988).

Versetzen wir uns in Gedanken ins Frühjahr 1985 auf die Insel Hainan: Ein junger Mann ist mit Freunden unterwegs zum nächsten Dorf. Er muß beiseite gehen, um Wasser zu lassen, und plötzlich überkommt ihn Panik: Sein Glied erscheint ihm verkleinert, geschrumpft auf die Hälfte, und ihm fallen die Gerüchte wieder ein, daß so etwas bereits in anderen Dörfern der Insel aufgetreten sei, daß einige Menschen schon daran gestorben sein sollen.

Er ruft um Hilfe, und die Freunde finden ihn zitternd, schwitzend, mit Angst im Gesicht; alle sind sofort überzeugt, daß die Geister nun auch hier ihr erstes Opfer gefunden haben, die ängstigende Vorstellung, daß es um Leben und Tod geht, erfaßt alle unmittelbar. Als erste Hilfsmaßnahme wird ein Seil um den Penis geschlungen, das zwei der Kameraden straff halten, damit sich das Glied nicht noch weiter zurückziehen kann. Dann wird der junge Mann, der inzwischen über Schwächegefühle klagt und nicht mehr gehen kann, auf eine schnell improvisierte Bahre gelegt und aufgeregt ins Heimatdorf zurückgebracht. Dort nimmt die inzwischen alarmierte Großmutter, die als erfahrene Frau gilt, die Angelegenheit in die Hand und ordnet weitere Maßnahmen an: Sie reibt Glied und Genitalregion mit schwarzer Pfefferpaste ein, läßt Verwandte und Nachbarn vor dem Haus Feuerwerkskörper anzünden, Gongs und Trommeln schlagen und versucht, mit lautem Geschrei den »Dämon« zu vertreiben, der ihren Enkel befallen hat. Sie wickelt ihn in einem Fischernetz ein, in dem sich der böse Geist fangen soll, und schlägt auf den Körper des Betroffenen ein, damit der Geist daraus weicht.

Die manifest Betroffenen sind zu 85% Männer. Bei von »Koro« betroffenen Frauen herrscht die Angst vor, ihre Schamlippen, die Nase oder andere Körperteile könnten schrumpfen, sich in den Körper zurückziehen, und der Tod wäre die Folge. Selbst bei Kindern glauben die Angehörigen gelegentlich, sie seien von Koro-Geistern angegriffen und müßten behandelt werden.

Die Koro-Symptomatik wird in der chinesischen medizinischen Literatur erstmals im »Huangdi Neijing Suwen«, den »Reinen Fragen aus des Gelben Kaisers Klassiker des Inneren«, beschrieben (wahrscheinlich entstanden ca. 300 bis 200 v. Chr., vgl. Schmidt 1993). Dort wird ausgeführt, daß das Schrumpfen des Penis ein unmittelbares Zeichen für den herannahenden Tod sei. Später nahmen andere chinesische medizinische Texte dieses Konzept auf, um einen Zustand zu beschreiben, in dem Körperteile wie Nase, Zunge, Brustwarzen oder Penis sich in den Körper zurückziehen. Im Chinesischen wurde dafür der Begriff »suoyang«, im Kantonesischen »sook-yong« gebräuchlich. Das Wort »Koro« stammt aber aus dem Malayischen und meint ursprünglich den Kopf der Schildkröte, den sie unter ihren Panzer einziehen kann.

Auf der Insel Hainan gab es seit dem Ende des II. Weltkrieges fünf große Epidemien, etwa alle zehn Jahre. Die letzte Epidemie 1985 mit ca. 2000 unmittelbar Betroffenen sowie eine weitere Epidemie um die

Stadt Kaikang im Süden der Provinz Kanton wurden von einem Forscherteam um Prof. Dr. Mo von der Psychiatrischen Klinik Kanton genauer untersucht, so daß jetzt klinisches Material in Form von Einzelinterviews zugänglich ist, auf das sich auch meine weitere Diskussion stützen kann (Mo 1994).

Die Bevölkerung von Hainan war 1985 durch einen Wahrsager, der ein schlechtes Jahr mit vielen Krankheitsfällen vorhergesagt hatte, in Aufruhr versetzt worden. Die ersten Koro-Fälle wurden aus der Ortschaft Lin-gao bekannt, und von dort sprang die Epidemie von Dorf zu Dorf. Meist breitete sie sich innerhalb von ein bis zwei Tagen im Ort aus, um abrupt zu enden, wenn aus dem nächsten Weiler der erste »Erkrankungsfall« gemeldet wurde. Es waren fast nur Angehörige der Han-Chinesen aus den Küstenorten befallen, aus der zentralen Bergregion aber, wo die Minderheiten der Li und Miao wohnen, wurde kein einziger Fall bekannt. Ein Bettler, der auf das Festland wechselte, erzählte dort von den schlechten Neuigkeiten aus Hainan, und kurze Zeit später brach die Epidemie auch auf der Luezhou-Halbinsel, dem Festland gegenüber von Hainan, aus.

Dreiviertel der Betroffenen waren zwischen 10 und 25 Jahren alt, mit einem Gipfel bei den 15- bis 19jährigen. In der Regel hatten schon die ersten Nachrichten über das Auftreten von »Koro« diese später manifest »Erkrankten« ängstlich gestimmt, wie ja auch die gesamte Atmosphäre der dörflichen Gemeinschaften von Gerüchten und ängstlicher Erwartung bestimmt war. Denn alle glaubten an die Überlieferung, daß »suoyang« von weiblichen Fuchsgeistern verursacht würde. Oft hatten Dorfbewohner kurz zuvor in einem Nachbardorf aktuelle Angstanfälle miterlebt oder sich gar an den Rettungsaktionen beteiligt. Bei den Männern begann die Attacke in der Regel nachts: Sie wachten auf, weil es sie fror oder sie Urindrang verspürten, und hatten zugleich das Gefühl, daß ihr Genitale am Schrumpfen sei, was sie in extreme Angst versetzte. Ihr Ruf nach Hilfe mobilisierte dann Verwandte und Freunde, die, obwohl auch von Angst angesteckt, alles versuchten, um den Penis festzuhalten, sein Zurückziehen in den Körper zu verhindern und den bösen Geist zu vertreiben. Als typisches Hilfsmittel wird dabei ein mit einem Scharnier verbundener doppelter Löffel verwandt, der sonst als Behältnis für eine Waage dient, und in dessen Höhlung der Penis fixiert wird.

Bei den betroffenen Frauen war am häufigsten die Angst vertreten, ihre Brustwarzen oder ihre Schamlippen seien am Schrumpfen, und auch bei ihnen waren diese Vorstellungen mit einer unmittelbaren Todeserwartung verknüpft.

Die chinesische femme fatale: Kastrierende Fuchsfrauen

Hainan und Luezhou sind Gegenden, die überwiegend von Fischern und Bauern besiedelt sind und in denen die Entfernungen zu den größeren Städten weit sind. Die meisten Einwohner haben eine Schulbildung von fünf bis sechs Jahren, und ihr Leben ist noch weitgehend vom Glauben an Götter und Geister beeinflußt. Insbesondere die Fischer suchen Rat bei Wahrsagern, um die günstigste Zeit zum Hinaussegeln festzulegen, und sie suchen Hilfe bei traditionellen Heilern, wenn sie erkranken oder sonstige Schwierigkeiten zu meistern haben. Auch die Geschichten, die von Generation zu Generation über Koro erzählt und weitergegeben werden, sind stark vom Glauben an übernatürliche Kräfte und Wesen bestimmt. Die entsprechenden Sagen über die sogenannten »Fuchsfrauen« sind allen vertraut; auf den hohen Bekanntheitsgrad dieser Geschichten hatte Ende der vierziger Jahre schon Muensterberger (1951) hingewiesen, der bei allen seinen Informanten aus Südchina die Geschichten über Fuchsfrauen und ihre männerschwächenden Eigenschaften erheben konnte. Somit lassen sie sich als projektives Material zu einem tieferen Verständnis nutzen. Die beiden populärsten Sagen sind folgende:

> Eines Tages trug eine alte Frau zwei verschlossene Körbe auf ihrem Rücken zum Fluß, um überzusetzen. Zwei junge Männer wollten im selben Boot ans andere Ufer. Als die beiden die Körbe sahen, wollten sie von der alten Frau wissen, was denn darin sei. Die entgegenete: »Ihr könnt es nicht anschauen; wenn doch, würdet ihr euch zu Tode erschrecken.« Die jungen Männer lachten und glaubten nicht, was die Frau sagte, Sie zwangen sie, den Deckel eines Korbes zu öffnen, blickten hinein und fielen vor Schreck tot um: Der Korb war bis an den Rand gefüllt mit abgeschnittenen Penissen.

> Von Zeit zu Zeit steigt eine schöne Fee vom Himmel herab, um die Penisse von Männern und die Brüste von Frauen zu sammeln. Sie ist unsichtbar, und sie kann Wände und

> Mauern durchdringen. Sobald sie irgendwo einen Penis oder Brüste sieht, nimmt sie sie an sich; und diejenigen, die der Verlust trifft, müssen unweigerlich sterben.

Diese Erzählungen sind sicher geeignet, auch bei Lesern des europäischen Kulturkreises Angst auszulösen: Die Vorstellung der vom Körper getrennten Glieder oder Brüste trifft auf Kastrationsängste, denen sich jedes Kind in seiner Entwicklung zu stellen hat. Hierbei schließe ich mich der Auffassung von Reiche (1990, S. 60) an:

> Der Ödipuskomplex gilt für beide Geschlechter gleichermaßen. (...) Das Gegenstück zum Penis ist die Vagina, und nicht die Kastration. Und das Objekt der Kastration ist nicht der Penis (...), sondern die phallisch-narzißtische Integrität.

Die um Kastrationsangst zentrierten psychischen Konflikte finden einen jeweils unterschiedlichen Niederschlag in Charakterstrukturen oder auch in psychischer Symptombildung. Als ich 1985 während meines Studienaufenthaltes in Kanton erstmals von der gerade ausgebrochenen Koro-Epidemie hörte und von Prof. Mo mit diesen Erzählungen bekannt gemacht wurde, reagierte ich in der Nacht mit folgendem Traum:

> Ich sehe auf meinen Penis und entdecke, daß er durchlöchert ist, d.h. von Seite zu Seite mit mehreren, etwa einen halben cm im Durchmesser großen Gängen durchzogen ist. Ich mache diese Beobachtung mit einer Art wissenschaftlicher Neugier, allerdings mit einem leichten Affekt von Abscheu bei dem Gedanken, daß Würmer diese Gänge während meines Schlafes gefressen haben könnten.

Nun hatte ja mein Berichterstatter, Prof. Mo, ausdrücklich unterstrichen, daß das Schwinden des Penis bei »Koro« nicht in Wirklichkeit beobachtet werden könne (ich habe seine Worte noch im Ohr: »It's no real shrinking into the abdomen.«), sondern nur einem subjektiven Gefühl der Betroffenen entspreche; er verwende deshalb den Ausdruck »Korophobie« statt »Koro«. Ebenso wie die Verlautbarung der nigerianischen Polizeibehörden bei der dortigen Epidemie im Jahre 1990,

> (...) und die Befunde der Experten zeigten, daß sich die Organe an ihrem natürlichen Platz befanden und funktionierten (Süddeutsche Zeitung, 7.11.1990),

kam mir dieser Hinweis überflüssig vor, und ich schrieb ihn den unbewußten Kastrationsphantasien meiner Gesprächspartner zu.

Die Analyse meines Traums mußte mich nun belehren, daß ich – neben der spezifisch-persönlich gefärbten Antwort auf die Konfrontation mit der Koro-Thematik – derselben Kastrationsangst ausgeliefert war, wie sie sich hinter der Betonung der Realität bei meinem chinesischen Informanten und bei den nigerianischen Polizeibehörden versteckte. In der Traumarbeit hatte ich den gefürchteten Verlust durch eine gravierende Beschädigung ersetzt und die Angst mit wissenschaftlicher Neugier zu bannen versucht; so blieb nur der leichte Ekel beim Gedanken an die Würmer im Traum. Über meine Assoziationen (»Würmer am/im Körper, Grab, Tod«) wurde mir klar, daß auch ich in meinem Unbewußten die Kastration mit dem Tod gleichgesetzt haben mußte.

Mein eigener Traum war natürlich eine persönlich gefärbte Antwort auf den Tagesrest, der in diesem Fall allerdings mit nur geringer weiterer Bearbeitung im Trauminhalt auftauchte. Dabei mag der rationalisierenden Wendung ins wissenschaftliche Interesse auch zugrunde liegen, daß ich im Vergleich zu den Koro-Betroffenen in Südchina nicht die kollektiven Bewältigungsmuster einer Gemeinschaft zur Verfügung hatte, sondern als »Fremder« ohne Zugang zum kulturellen Hintergrund in besonderem Maße allein gelassen war.

Die Geschlechterdynamik in der chinesischen Kultur

Wenn die Verarbeitung des ödipalen Konflikts und der damit verknüpften Kastrationsängste bei einem Angehörigen unserer Kultur scheitert, führt sie in der Regel zur Ausbildung einer Psychoneurose mit entsprechender Symptombildung. Beim »Koro« dagegen ist eine ganze Gemeinschaft von Angehörigen und Bekannten mitbetroffen. Die zur Abwendung der phantasierten Gefahr verwendeten Praktiken zeigen, unter Fortfall der üblichen Schamschranken, das gesamte Spektrum sonst tabuisierter Sexualität, die nun vor aller Augen dargeboten wird; andererseits teilen auch alle die ängstigenden Vorstellungen von der tödlichen Gefahr. Küssen und Beißen, Kneifen und Schlagen, Masturbation und Fellatio zwischen Freunden, Verwandten und Nachbarn werden in aller Öffentlichkeit praktiziert und verweisen auf einen verborgenen Aspekt von Lust und Befriedigung in einer gleichsam gemeinsamen Symptombildung. In diesem Sinne ist der Koro-»Anfall« eine gemeinsame hysterische Inszenierung, eine psychosoziale Abwehr und Bewältigungsleistung der gesamten Gruppe. Hierauf werde ich später noch eingehen.

Auffällig in der Art der Konfliktverarbeitung beim epidemischen Koro ist, daß die Angst so offen und direkt auf das Verschwinden der männlichen und weiblichen Geschlechtsteile gerichtet ist. Aus psychoanalytischer Perspektive würden wir eher eine Verschiebung oder Symbolisierung erwarten, jedenfalls eine innerpsychische Umformung und Überarbeitung.

Nun ist die Kastration in China nicht nur ein Motiv aus der Urzeit der menschlichen Entwicklung, sondern wurde bis ins 20. Jahrhundert hinein als Strafe verhängt und diente der Erzeugung von Eunuchen. Auch im heutigen China ist es noch weit verbreitet, daß Kindern wegen ihres Mißverhaltens, insbesondere auch im Rahmen der Sauberkeitserziehung, mit Kastration gedroht wird.

Im »Koro-Glauben« fällt die enge Beziehung zwischen phantasiertem Verlust des Penis und dem zu erwartenden Tod auf; die Bedrohung für das Geschlechtsteil ist gleichgesetzt mit einer Gefahr für das gesamte Leben. Diese Gleichsetzung geht auf die chinesische Tradition der Entsprechungsreihen zurück, die bis heute auch die Vorstellungen von seelischen Abläufen prägt. Dabei sind sichtbare wie unsichtbare Erscheinungen der Innen- wie Außenwelt des Menschen (z. B. Emotionen, innere Organe, klimatische Verhältnisse, Elemente) bestimmten Entsprechungsreihen zugeordnet und stehen in wechselseitiger Abhängigkeit. Die Grenzen von Innen und Außen, von Geist und Körper, sind so aufgehoben, und die Veränderung eines Glieds der Entsprechungsreihe beeinflußt unmittelbar auch die anderen.

Grundlage dieses Entsprechungssystems bilden das Konzept von Yin und Yang, die Theorie der fünf Elemente sowie die Idee einer wechselseitigen Abhängigkeit von Mikro- und Makrokosmos. Das Konzept von Yin und Yang beinhaltet zwei entgegengesetzte und dennoch komplementäre Kategorien, die sich auf den menschlichen Körper, aber auch auf den gesamten Kosmos erstrecken. Wenn diese beiden Kräfte im Gleichgewicht sind, herrschen Gesundheit und Wohlbefinden. Dabei ist Yang z. B. Helligkeit, Sonnenschein, Hitze, Männlichkeit, das Positive, Yin dagegen das Dunkle, Feuchte, Kalte, Weibliche, Negative.

Die Theorie der fünf Elemente ordnet allen körperlichen Gegebenheiten sowie allen Erscheinungen der Natur eines der fünf angenommenen Grundelemente Holz, Feuer, Wasser, Metall und Erde zu. So werden z. B. fünf emotionale Grundzustände (Wut, Freude, Ärger, Kummer, Furcht), fünf innere Organe (Leber, Herz , Milz, Lunge, Niere), fünf klimatische Faktoren (Wind, Hitze, Feuchtigkeit, Trockenheit, Kälte) unterschieden, zwischen denen geordnete Beziehungen und »Entsprechungen« bestehen. Damit können dann auch innerkörperliche oder seelische Erscheinungen in der Sprache der Naturereignisse begrifflich erfaßt, beschrieben und verstanden werden. Für Störungen des Gleichgewichts kommen als Verursacher sowohl äußere Bedingungen wie besondere Verhältnisse des Windes, der Kälte, Hitze, Feuchtigkeit oder Trockenheit in Betracht, aber auch emotionale Zustände von Wut, Freude, Ärger, Kummer und Furcht. Man nahm an, daß Gefühle die Zirkulation der verschiedenen Einflüsse im Körper steuern: Zorn sollte die Energie übermäßig erhöhen und deren Zirkulation umkehren, Freude sie ins Gleichgewicht bringen, Furcht die Zirkulation hemmen oder gar unterbrechen. Als Lebensregel galt und gilt noch heute, gemäß den Prinzipien von Yin und Yang harmonisch und geordnet zu leben (vgl. Gerlach und Wengler 1990).

In der chinesischen Tradition mit ihrem dialektischen Antagonismus von Yin- und Yang-Elementen gehört der Penis auf die Seite des Yang. Nach daoistischer Überzeugung ist ein Verlust des Gleichgewichts zwischen Yin und Yang im Kosmos wie beim Einzelnen gefährlich; ein exzessiver Verlust von Yang- Elementen muß zum Tode führen. Entsprechend wird beim »Koro« das Kältegefühl in den Genitalien als Symptom gedeutet, das ein Schwinden der Lebensenergie anzeigt; heiße, scharf gewürzte Getränke sollen das Kältegefühl vertreiben und die notwendige Hitze wieder zuführen. Geister von Toten, die sich in der Welt des Yin bewegen, haben keinen Penis – ihnen fehlt dieses Symbol des Yang. Geister, die wieder zum menschlichen Wesen werden möchten, brauchen zur Wiederherstellung ihres Gleichgewichts einen Penis und begeben sich deshalb auf die Suche nach Opfern. Nun gibt es im chinesischen Volksglauben keine strenge Trennung zwischen diesseitiger und jenseitiger Welt (vgl. Merkel 1988, S. 168ff.). Z.B. hat der Ahnenkult das Ziel, sich der Hilfe seiner Vorfahren zu versichern, während diejenigen Verstorbenen, denen keine Verehrung widerfährt, als »hungrige Geister« die Lebenden bedrängen. Im Glauben der Landbevölkerung erscheinen sie oft als weibliche Fuchsgeister, die sich nachts als schöne, erregende Frauen an die Seite der Männer schleichen und diese zu verführen und sexuell zu erschöpfen trachten. Dabei verstehen sie sich auf alle Techniken des Liebesspiels, was ihren Opfern zwar nie geahnte erotische Genüsse beschert, sie aber zugleich mit dem Verlust ihrer Lebenskraft bestraft (vgl. Monschein 1988); denn Ziel der Fuchsfrau ist es, sich auf diesem Weg die Essenz zu beschaffen, die ewiges Leben verspricht. In diesem Ziel unterscheiden sich die Füchsinnen also gar nicht von den daoistischen Meistern, die dasselbe – einen Zustand der Langlebigkeit des Körpers, ein Altern in Anmut, frei von Wünschen und Begierden – auf einem durchaus ähnlichen Weg zu erreichen versuchten: Durch möglichst häufige sexuelle Kontakte zu möchlichst vielen Frauen, aber ohne Samenerguß, da dieser den Verlust von Yang bedeutet. Diese Sexualpraktik ist unter dem Namen »Innerer Zinnober« (nei dan) bekannt, während der »Äußere Zinnober« (wai dan) ein alchemistisches Lebenselixier unter der Verwendung von Quecksilbersulfid bezeichnet. Die so praktizierte Sexualität sollte, in Verbindung mit meditativen Körperübungen, die Lebensessenz stärken und den sterblichen Körper in den Zustand der unverletzlichen Unsterblichkeit versetzen, der mit einer äußersten Steigerung übernatürlicher Kräfte verbunden ist.

Die eigenen Wünsche nach Erlangen von Unsterblichkeit durch Benutzen des anderen Geschlechts tauchen also im Bild der weiblichen Fuchsgeister als Projektion wieder auf. Ähnlich dem in der westlichen Kultur gängigen Bild der »femme fatale« und der Trennung von »Mutter und Hure« bietet die Vorstellung von den weiblichen Fuchsgeistern eine Möglichkeit zur Projektion und Symbolisierung der gefürchteten Aspekte einer von allen Zwängen befreiten weiblichen Sexualität.

Seit Freud (1912) wissen wir, daß diese Aufspaltung des Frauenbildes v.a. der Abwehr inzestuöser, auf die eigene Mutter gerichteter sexueller Triebregungen dient; daß auch die Mutter für das Kind eine Quelle von Erregung und Lust sein kann, wird von der bewußten Wahrnehmung ferngehalten. Daneben gibt es ein zweites, entwicklungspsychologisch wichtiges Motiv: Die Abhängigkeit von der Mutter ist für das kleine Kind so groß, daß sie neben schützenden und nährenden Aspekten auch als mit einer ungeheuren Macht, letztlich über Leben und Tod, ausgestattet erlebt wird.

In den daoistischen Vorstellungen zum Geschlechterverhältnis läßt sich die unbewußte Überzeugung von der Überlegenheit des weiblichen Geschlechts besonders deutlich finden. Weiblichkeit und Männlichkeit sind zunächst den Grundkräften der Natur, Yin und Yang, zugeordnet, mit deren Auswirkungen der Mensch in Eintracht zu leben versuchen soll. Der Geschlechtsakt dient nun nicht nur der Empfängnis von Kindern, v.a. Söhnen, die das Weiterbestehen der Ahnenreihe und die Verehrung der Vorfahren sicherstellen sollen, sondern zugleich der Stärkung der männlichen Vitalität durch Aufnahme der weiblichen Yin-Essenz, während zur gleichen Zeit das Wohlbefinden der Frau durch Anregung ihrer latenten Yin-Kräfte gestärkt werden sollte. Dabei wird der männliche Same als begrenztes und äußerst wertvolles Gut angesehen, während die der Frau zur Verfügung stehende Yin-Essenz als unerschöpflich gilt. Van Gulik (1974) hat darauf hingewiesen, daß in den chinesischen Sexualhandbüchern, die bis zum Ende der Ming-Periode (1644) unter der gebildeten Schicht relativ frei im Umlauf waren, immer die Frau als die in die Liebestechniken einführende Meisterin dargestellt ist, während dem Mann die Rolle des unerfahrenen und auch ignoranten Schülers zufällt. In der chinesischen Kultur- und Gesellschaftsordnung hat sich letztlich der Konfuzianismus als Ideal durchgesetzt, der großen Wert auf familiäre Werte und hierarchische Ordnungen legt und Führerschaft und Überlegenheit dem Mann zuweist; er wurde seit der Han-Periode (221 v. Chr. - 220 n. Chr.) zur Staatsdoktrin erhoben. Der Daoismus dagegen propagiert ein Leben in Harmonie mit den Kräften der Natur und preist die Passivität gegenüber den Möglichkeiten aktiven Handelns. In Bezug auf das Verhältnis der Geschlechter findet sich die alternative Grundorientierung des Daoismus über die Jahrhunderte als latente Strömung, in der die Frau als »Große Mutter« erscheint; sie ist die potente Nährerin, die ihre Nachkommen mit Milch und ihren Mann im Sexualakt nährt und stärkt. Somit konnte im chinesischen Unbewußten nie das Bild der mächtigen Mutter eliminiert werden. In den erwähnten Sexualhandbüchern finden sich zwei Basis-Fakten, die immer wieder betont werden:

1. Der Samen ist des Mannes wichtigster Besitz;
2. der Mann sollte die Frau bei jedem Geschlechtsverkehr auch zufriedenstellen, damit ihre vitale Essenz, von der er ja wiederum profitiert, optimal angeregt werde.

Mit diesen Prinzipien verknüpft waren weitere Verhaltensanweisungen: Der Mann sollte nur auf dem Gipfel seiner Yang-Anreicherung auch zur Ejakulation kommen, um dann möglichst gesunde und gut ausgestattete Nachkommen zu zeugen. Um sein Yang anzureichern, mußte er den Akt möglichst lange hinausziehen, mit einem ausgedehnten Liebesvorspiel und einer lange dauernden Vereinigung, und auch häufigen Verkehr mit verschiedenen Frauen ohne Ejakulation pflegen. Zur Vermeidung der Ejakulation wurden geistige Disziplin und auch die manuelle Kompression der Harnröhre empfohlen (eine Technik, die zur retrograden Ejakulation in die Harnblase führt). Die Vorstellung war, daß dann die Yang-Essenz entlang des Spinalkanals hochfließe und das Hirn wie die gesamte psychophysische Existenz stärke. Entsprechend war Selbstbefriedigung für den Mann verboten, und nächtliche Samenergüsse wurden als von bösen Geistern verursacht angesehen, die es auf die Lebensessenz der Männer abgesehen hätten. Geschlechtsverkehr dagegen war hier nie mit moralischer Schuld oder Sünde verknüpft, sondern galt, im Gegenteil, als Verpflichtung gegenüber den Ahnen, um gesunde Nachkommen in die Welt zu setzen, sowie als gesundheitsfördernd und lebensverlängernd. Wie sehr diese Vorstellungen das Fühlen und Denken der Chinesen bis heute bestimmen, hat Muensterberger (1982) an kasuistischem Material aus der Analyse eines chinesischen Emigranten zeigen können. Nach diesen Vorstellungen ist die ideale Frau also nährend und mütterlich, ausgestattet mit einer unerschöpflichen Yin-Essenz, gleich der Milch einer idealen, versorgenden Mutter. An einer berühmten Stelle der klassisch-chinesischen Literatur heißt es in Bezug auf die sexuelle Begegnung zwischen Mann und Frau: »Die Bewegung des Penis sollte an ein Kind erinnern, das sich an Mutters Brust nährt« (Van Gulik 1951, S. 33).

Oralität und Abhängigkeit unter Südchinesen

Meine Befunde stimmen weitgehend mit den Ergebnissen einer Untersuchung überein, die Muensterberger Ende der vierziger Jahre mit chinesischen Immigranten in New York und San Francisco durchgeführt hatte (Muensterberger 1951). An der Serie von Befragungen und psychoanalytischen Gesprächen nahmen 15 Männer und 6 Frauen zwischen 20 und 35 Jahren aus verschiedenen sozialen Schichten teil, die vor 1948 China verlassen hatten und überwiegend aus einem halbländlichen Gebiet in Guangdong (Südchina) stammten. Weiterhin verwendete die Untersuchung projektives Material aus Volksmärchen, Legenden, Filmen, Tests und moderner Literatur.

Die verwendeten Methoden erlaubten allerdings nicht, allgemeingültige Aussagen über die Chinesen zu machen. Die untersuchte Gruppe hatte bereits Anpassungsprozesse an die amerikanische Gesellschaft durchlaufen, die zur Bildung eines »Doppel-Über-Ichs« geführt haben könnten. Die folgenden Aussagen wollte Muensterberger deshalb nur auf die Gruppe der untersuchten Chinesen bezogen wissen.

Auch in dieser Untersuchungsgruppe galt die Geburt eines Sohnes als höchste Erfüllung für Väter wie Mütter; für den Vater sicherte sie den Fortbestand der Familie und Sippe und stellte die Ahnenverehrung sicher, für die Frau hob ein Sohn ihren Status in der Familie. Viele Mütter stellten bald nach Gewißheit über die Schwangerschaft den Geschlechtsverkehr ein, und eine Reihe magischer Rituale sollte die Geburt eines Sohnes sichern. Das Erstgeborene wurde mit einer Vielzahl von Feierlichkeiten empfangen, besonders wenn es ein Sohn war. War dagegen nicht nur das Erstgeborene, sondern auch das zweite Kind ein Mädchen, versuchten Verwandte und Nachbarn den »peinlichen« Vorfall zu ignorieren. Dieser Unterschied hatte auch wirtschaftliche Gründe, da nach den tradierten Vorstellungen Mädchen schließlich das Elternhaus verlassen und bis dahin ernährt werden mußten. Die Geburt eines Sohnes verbesserte dagegen v.a. die Position der Mutter gegenüber ihrer Schwiegermutter.

Das männliche Neugeborene wurde mit allen Mitteln verwöhnt, nahm häufig den Platz des Vaters im elterlichen Bett ein und wurde zur Beruhigung masturbiert (bis heute ist hierzu in China auch Fellatio durch Mütter, Großmütter oder ältere Schwestern üblich (A. G.)). Das Kind wurde gefüttert, sooft es nach Nahrung verlangte. Reichere Familien leisteten sich eine Amme; in Bezug auf die Stilldauer gab es beträchtliche Unterschiede. Viele Kinder wurden bis nach dem Verlust der Milchzähne gestillt, wobei allerdings feste Nahrung zugefüttert wurde. Die Kleinkinder blieben unter der ständigen Obhut der Frauen, auch weil die Männer nach der Geburt eines Kindes oft die Familie verließen, um woanders (z.B. in anderen südostasiatischen Ländern) zu arbeiten.

Kleinkinder wurden eingebunden: Die Hände wurden mit einem Band an den Seiten festgehalten, die Beine gestreckt und die Knie zusammengebunden (Jungen ca. einen Monat, Mädchen länger). Muensterberger sah den Sinn dieser Beschränkung der Bewegungsfreiheit darin, daß sie auf spätere Situationen vorbereite, in denen starke Selbstkontrolle erwartet wurde. Diese Kontrolle finde ihre Entsprechung in den strengen Formen und Strukturen der chinesischen Kultur, z.B. der Kalligraphie, der Poesie, des Hausbaus und der Kunst.

Urinieren und Defäkation wurden durch Freiwilligkeit und Spontaneität reguliert und der Mutter-Kind-Kommunikation überlassen (vgl. Tang 1992). Nach der Geburt eines Geschwisters schlief das Kind bei der Großmutter oder älteren Geschwistern, aber nie allein. Mit der Latenz wurde das Kind mit entschlosseneren Erziehungsmaßnahmen konfrontiert. Eltern und Lehrern gegenüber wurde nun Gehorsam erwartet, und v.a. die Jungen mußten für ihre physische

Unversehrtheit Sorge tragen, da auch zufällige Verletzungen des eigenen Körpers als Beleidigung der Nachwelt empfunden wurden. Die strafende elterliche Autorität wurde in der Regel von der Mutter ausgeübt. In der Schule straften die Lehrer hart durch Schläge, und es herrschte strenge Disziplin. Der Unterricht war von religiösen, moralischen und philosophischen Aspekten beherrscht.

Nach der Geburt von ein oder zwei Kindern lebten die Eheleute oft getrennt, da die Männer Arbeit im Ausland, in der Armee oder Verwaltung annahmen. Dort arbeiteten die Männer hart und schickten den Verdienst nach Hause. Später nahmen sie oft den ältesten Sohn mit in die Fremde, dem allerdings die Mutter zuhause in seiner Abwesenheit eine passende Frau aussuchte. Die junge Ehefrau war häufig älter als der Bräutigam und zog in dessen Heim (d.h. zu ihrer Schwiegermutter; die Stellung im neuen Haushalt war hierarchisch geregelt!). Die Verbindung zwischen Mann und Frau blieb oft von allen romantischen Aspekten frei. Nach der Zeugung von Söhnen hatte der Mann seine Hauptaufgabe erledigt und vergnügte sich in der Regel mit anderen Männern in der Teestube bei Unterhaltung und Spiel. Wenn ein Mann Großvater geworden war, konnte er sich aus allen familiären Aktivitäten zurückziehen und ein Leben führen, das von Entspannung und Kontemplation geprägt war.

Eheschließungen, aber auch Streit und geschäftliche Transaktionen brauchten oft einen Vermittler, dessen Rolle eine kulturelle Institution darstellte. Die Aufforderung zur Übernahme dieser Rolle durfte nicht zurückgewiesen werden, sie bedeutete eine Ehrung. Im Ausland übernahm diese Aufgaben oft der Familienverband (Zusammenschluß aller, die aus einem Dorf stammen oder denselben Familiennamen trugen).

Nach meiner eigenen Beobachtung ist die Fürsoge der Erwachsenen gegenüber Kindern in China bis heute sehr groß geblieben. Kinder werden gefüttert, sobald sie schreien. Die allgemeine Begrüßungsformel in Südchina lautet: »Hast du heute schon gegessen?«, und das gemeinsame Essen ist entscheidendes Bindeglied aller sozialen Kontakte. So wird z.B. bei jeder Einladung und Festlichkeit dem Gast ein Tischnachbar zugeordnet, dessen Aufgabe darin besteht, die vom Gast bevorzugten Speisen herauszufinden und diesem solange davon vorzulegen, bis er sie nicht weiter anrührt.

Füttern und Gefüttertwerden ist aber auch die orale Basis der daoistischen Vorstellungen vom Geschlechtsverkehr. Die Oralität, der in der chinesischen Kindheit ein so entscheidender Platz eingeräumt wird, scheint übers Leben hinweg eine regressive wie defensive Möglichkeit zu bleiben. Es ist allerdings eine passive Oralität, in der das aktive Äußern eigener Wünsche verpönt ist (vgl. Weakland 1956). Die damit verknüpften Abhängigkeitsgefühle den primären Objekten gegenüber führen allerdings zu einer tiefreichenden inneren Überzeugung von Sicherheit und Aufgehobensein im Rahmen der Familie (Tang 1992, S. 387). Entsprechend gilt statt des Kriegers und Eroberers das Ideal der passiven Bemeisterung des Lebens, ausgedrückt in den Figuren des Schülers, Poeten oder Philosophen.

Das Ideal der reziproken oralen Versorgung bleibt aber bedroht von projektiven Ängsten vor Ausbeutung, vor »Ausgesaugtwerden«; dies scheint mir besonders für den chinesischen Mann zu gelten, dessen Yang-Essenz als begrenzt angesehen wird, da sein Bedürfnis nach Genährtwerden größer ist. Hier erscheint er wieder als der schwächere der beiden Partner, deutlicher angewiesen auf Versorgung.

»Koro« als unbewußte psychosoziale Inszenierung

Wenn die daoistischen Sexualvorstellungen, reichlich vermischt mit konfuzianischer Familienethik, bis heute das bewußte, v. a. aber das unbewußte Fühlen und Handeln vieler Chinesen bestimmen, dann ist »Koro« ein spezifischer Ausdruck der Verarbeitung dieser Vorstellungen und der mit ihnen verknüpften Ängste. Natürlich ist auch die abgeschlossene Lage der Insel Hainan und der Halbinsel Luezhou entscheidend, da hier alte Mythen und Überlieferungen besonders lebendig bleiben können. Das Alter der überwiegenden Zahl der manifest Betroffenen verweist auf die körperlichen und psychischen Aspekte der Pubertät und Adoleszenz: Hier treten nächtliche Samenergüsse erstmals auf, die Onanieversuchung setzt erneut ein, die körperlichen Veränderungen müssen auch innerlich bewältigt und integriert werden. Wenn aber der Samenerguß gefürchtet wird, weil er Schwäche und Verfall nach sich ziehen könnte, wenn zudem die ödipalen Konflikte mit den inzestuösen Wünschen wieder neu auftauchen und bewältigt werden müssen, dann ist die »Koro«-Epidemie auch eine kollektive Versinnbildlichung und Abwehr dieser inneren Auseinandersetzungen (zum Konzept der psychosozialen Abwehr vgl. Mentzos 1976).

Die unbewußte Beziehungsdynamik zwischen Müttern, Vätern und Söhnen läßt sich wie folgt beschreiben: Chinesische Mütter verhalten sich ihren Söhnen gegenüber überfürsorglich, teilen z.B. bis zur Pubertät das Bett mit ihnen und wecken sie regelmäßig nachts zum Urinlassen. Diese Verwöhnung der frühen Kindheit führt zu einer passiven Haltung gegenüber der Realität; ebenso führt die frühkindliche Mutter-Sohn-Beziehung zu Unterwürfigkeit gegenüber Höhergestellten und zu einer Idealisierung des weltabgewandten zurückgezogenen Lebens. Auch Muensterberger hatte die Daten seiner Untersuchung so interpretiert, daß v.a. bei Jungen jede orale Deprivation fehle. Die dadurch verursachte Unfähigkeit, orale Bedürfnisse zu zügeln und zu kontrollieren, verhindere den Aufbau gut funktionierender Abwehrmechanismen und führe so zu einer Schwächung der Männlichkeit. Die passive und abhängige Einstellung werde auch durch die frühe Disziplinierung des Bewegungsdranges verstärkt. Hilflosigkeit und ausgedehnte Abhängigkeit des Kindes würden so zur »kulturellen Verhaltens-Konfiguration«.

Das Verhältnis zur Nahrung und zur Nahrungsaufnahme bestätigt diese regressiven Tendenzen. Gemeinsame Nahrungsaufnahme schafft einen intimen Kontakt zwischen den Individuen. Der Wunsch nach Abhängigkeit zeigt sich auch in der Suche nach Unterstützung durch Familienangehörige, Freunde, Vermittler, also vermittelnde Instanzen, welche wie die Mutter zwischen Individuum und gefährlicher Umwelt einen Ausgleich schaffen sollen.

Für chinesische Frauen stellt die Geburt eines Sohnes bis heute eine entscheidende Möglichkeit der Selbstbestätigung und zur Veränderung ihrer familiären Position dar. Bei den Frauen ist die Oralität eher mit aktiven und fordernden Haltungen verbunden und führt öfters zu einer aggressiven, kastrierenden und dominierenden Einstellung; sie hängt mit der unbewußten Ambivalenz der Mütter gegenüber den Mädchen zusammen. Die Vorzugsstellung des Mannes in Kultur und Tradition weckt in der Frau ein Bedürfnis nach Selbstgeltung und Sicherheit. Auf die von ihr erwarteten Einschränkungen reagiert sie mit Überkompensation und entwickelt starke ehrgeizige und aggressive Neigungen (charakterisiert durch ausgeprägten Penisneid). Ein Sieg im Rivalitätsstreben mit Brüdern und anderen männlichen Konkurrenten ist nur durch Geburt eines Sohnes möglich. Dadurch ist ihre Haltung gegenüber Sohn und Mann ambivalent, geprägt von übergroßer Zuneigung gegenüber dem Sohn und unterschwelligen Rachegefühlen. Der Sohn ist v.a. eine Ausweitung ihres eigenen Selbst und als solche ein Werkzeug ihres Narzißmus. Wird der Sohn einerseits als narzißtische Kompensation gewünscht, so wird er andererseits zugleich mit unbewußten Dominierungswünschen erwartet.

Die vielen volkstümlichen Darstellungen, in denen Frauen aggressiv, destruktiv oder kastrierend auftreten, sind Ausdruck der intensiven Kastrationsangst der Männer. Auf diese Weise kann der chinesische Mann sich gegen eigene unbewußte aggressive und inzestuöse Impulse der Mutter gegenüber schützen. Zugleich wird der Konflikt mit dem Vater vermieden oder neutralisiert, unterstützt durch das starre System von Verpflichtungen zwischen Vater und Sohn, die das wechselseitige Abhängigkeitsverhältnis kanalisieren. Diese besondere Beziehung zwischen Vater und Sohn ist ein kulturell bedingter Abwehrmechanismus gegen Triebwünsche.

Das Bild der weiblichen Fuchsgeister trifft den sexuell-verführerischen, aber auch den bemächtigenden und die Männlichkeit schwächenden Aspekt besonders gut. Das im »Koro« gefürchtete Ausgesaugtwerden stellt – in projektiver Abwehr – eine Regression auf die Oralität dar, mit einer Wiederbelebung lustvoller Erfahrungen, aber auch mit einer Abwehr der eigenen unbewußten aggressiven und libidinösen Wünsche gegenüber der Mutter und mit einem Vermeiden des ödipalen Konflikts mit dem Vater. Diese Haltung des Vermeidens ödipaler Rivalität und der damit verknüpften Kastrationsängste wird gestützt durch die in der konfuzianischen Tradition geforderte Zurückhaltung, ja Ehrfurcht des Sohnes gegenüber dem Vater. Der Verpflichtung des Sohnes steht allerdings auch eine

Aufforderung zur Zurückhaltung für den Vater gegenüber, der nach seinem Tod im Rahmen der Ahnenverehrung auf die kindliche Ehrerbietung angewiesen ist. So ist also nicht nur die ödipale Aggressivität des Sohnes, sondern auch die unbewußte Feindseligkeit des Vaters kulturell in ein System wechselseitiger Zurückhaltung eingebunden.

Über starke Identifikations- und Projektionsvorgänge sind nicht nur die direkt von der Angst Betroffenen, sondern alle Mitglieder der dörflichen Gemeinschaft mit ihren Ängsten, Abwehr- und Wiederherstellungsversuchen beteiligt. Da die inneren Konflikte um Abhängigkeit und Autonomie wie um die Bewältigung der inzestuösen Regungen in einem sozialen Rahmen dargestellt und, für alle Mitglieder der Gemeinschaft erlebbar, verarbeitet werden, gleicht »Koro« einem Initiationsritus. Vielleicht hängt damit der eigenartige Rhythmus des Auftretens dieser kollektiven Neurose zusammen. Dann müßte der Konflikt für jede neue Generation der Pubertierenden und Adoleszenten erneut unbewußt psychosozial inszeniert werden. Erdheim (1982) hat darauf hingewiesen, daß in den sogenannten »kalten Gesellschaften«, die sich durch Traditionsbewußtsein und Stabilität auszeichnen, die soziale Bedeutung der Initiation darin liegt, die adoleszente Dynamik aufzufangen, die durch die sich von den Eltern lösende Libido und durch die während der Latenz in den psychischen Strukturen eingefrorenen Größen- und Allmachtsphantasien zu Veränderungen treibt. Psychodynamisch sieht er in der Initiation eine Situation, in der Triebangst und Realangst nicht mehr unterscheidbar sind und unter diesem inneren Druck frühe Repräsentanzen der Mutter auf die Verwandtschaftsgruppe übertragen werden können. Beim Koro wird die Triebangst von allen geteilt, sie wird als Realangst »gehandelt« und behandelt, und die Gruppe übernimmt real die helfende und schützende Mutterfunktion: Sie verankert sich im Erleben stärker als die Mutter/Frau/Füchsin, die ja projektiv ins nächste Dorf vertrieben wird; schützende und feindselige Aspekte der Mutterrepräsentanz bleiben so gespalten.

Ich möchte auch auf einen Aspekt hinweisen, unter dem Bettelheim (1975) die Initiationsriten interpretiert hat: Er hat den Neid der Männer auf die Gebärfunktion der Frauen hervorgehoben, der sie in den Versuch treibe, sich die weiblichen Fähigkeiten auf symbolischer

Ebene anzueignen und durch Beschneidung ihren Geschlechtsteil dem der Frauen ähnlich zu machen. Wie Reiche (1990) ziehe ich den Begriff des »Geschlechtsneides« dem des »Gebärneides« vor. Reiche hat hervorgehoben, daß der Hinweis auf die Gebärfunktion den Neid des Mannes zu sehr auf die prokreativen Funktionen der Frau und die an sie gebundene Potenz einengt:

> Sachlich geht es aber um die Darstellung des Neides und seiner Derivate (Haß, Bewunderung, Verachtung usw.) des einen Geschlechts auf die zugleich phantasierte und reale Potenz und Gestalt des jeweils anderen Geschlechts. (Reiche 1990, S. 75)

Der versteckte Neid der Männer auf die weibliche Geschlechtlichkeit und auf die lebenspendende Kraft der Frauen ist im »Koro« nur zu deutlich. Bettelheim (1975, S. 197) hat betont, daß dies Verlangen nach den Eigenschaften des anderen Geschlechts als eine notwendige Konsequenz des Geschlechtsunterschiedes anzusehen ist, die allerdings in eine psychologische Sackgasse führt:

> Wie das andere Geschlecht zu werden (was gewünscht wird), bedeutet, das eigene Geschlecht aufzugeben (was gefürchtet wird). (...) Die Erfüllung dieses Verlangens würde den Verlust unseres eigenen Genitales mit sich bringen – daher die unerbittliche Natur der Kastrationsangst bei beiden Geschlechtern.

Die Pubertätsriten sind für Bettelheim Versuche, diese Angst zu beherrschen oder auszulöschen. Auch unter diesem Aspekt läßt sich die Koro-Epidemie als kollektiver Lösungsversuch verstehen, in dem der Neid auf das andere Geschlecht und die damit verknüpfte Angst erlebt, dargestellt und ein Lösungsweg gesucht wird.

Latenter Neid, Haß und Geschlechterspannung

Greenson (1982) hat diesen Neid des Mannes und seine Unsicherheit bezüglich der eigenen geschlechtlichen Identität mit der frühen Identifizierung des Kindes mit der Mutter in Zusammenhang gebracht. Er konstatiert die Beachtung, welche der Neid der Frauen auf den Penis des Mannes in der Psychoanalyse gefunden hat, unterstreicht dann aber, daß seine

> männlichen Patienten auf einer früheren, unbewußteren Ebene einen starken Neid gegenüber der Frau, insbesondere der Mutter, hegen. Jedes Geschlecht beneidet das andere, doch scheint der verdecktere Neid des Mannes, der sich hinter einer äußeren Fassade von Verachtung verbirgt, hinsichtlich der Geschlechtsidentität besonders zerstörerisch zu wirken. (Greenson 1982, S. 259)

Anders als Klein (1957), die den kindlichen Neid auf die Sicherheit und Glück spendende Mutterbrust bei beiden Geschlechtern als entscheidenden Faktor sieht, betont Greenson die Verschiedenartigkeit des Neides von Frauen und Männern und verbindet dies mit der unterschiedlichen Lösung der primären Identifizierung mit der Mutter. Auch das Mädchen müsse seine Identifizierung mit der Mutter aufgeben, um ein eigenes Selbstgefühl zu entwickeln, aber seine Identifizierung mit der Mutter helfe ihm bei der Begründung seiner Weiblichkeit. Der Junge dagegen müsse versuchen, auf die besondere Nähe zu verzichten, welche die Identifizierung mit der Mutter gewähre, und gleichzeitig eine Identifizierung mit dem meist weniger zugänglichen Vater herstellen. Diese unsichere Grundlage der Identifizierung des Jungen mit dem Vater, bei der Persönlichkeit und Verhalten von Vater und Mutter eine zentrale Rolle spielen, führe oft zu einer »Kontra-Identifizierung«, die sich bei Männern in reaktiver Verachtung und unbewußtem Neid auf Frauen manifestieren könne. In der Regel bleibe zumindest eine Unsicherheit der Männer hinsichtlich ihrer Geschlechtsidentität, die sich deutlich von der durchschnittlich größeren Sicherheit der Frau abhebe.

Auf eine Möglichkeit der Sublimierung des primären Neides auf die Mutter durch Wendung in Kreativität hat Benz (1984) aufmerksam gemacht. In seinem Aufsatz hebt er allerdings primär auf den Neid des Mannes auf die prokreativen Möglichkeiten der Frau ab und untersucht ihn am Beispiel des »Wolfsmannes« sowie der Initiationsriten der Sambia-Kultur auf Indonesisch-Neuguinea; er schließt auf phallische und orale Wurzeln des Gebärneides und unterstreicht, daß der Junge in der phallischen Entwicklungsphase mittels der Onanie Gefühle der Ohnmacht zu überwinden suchen könne, während er ihnen auf der oralen Stufe noch gänzlich hilflos ausgeliefert sei. Benz weist auf zwei unterschiedliche Lösungsmöglichkeiten in der Auseinandersetzung mit dem Gebärneid hin, wobei er einer Teilidentifikation mit mütterlichen Aspekten eine besondere Bedeutung gibt:

> Das Kind kann die Neidgefühle wie auch das Objekt (Mutter) bewahren durch direkte Identifikation mit den mütterlichen Aspekten der Mutter oder auf Umwegen durch Identifikation mit den mütterlichen Aspekten des Vaters. (...) Der Gebärneid kann integriert werden. (...) Wo immer die Lösung durch Identifikation oder Kreativität unmöglich ist, wird das Kind seine Aggressionen gegen die beneidete Mutter wenden und wird seine intrapsychische Welt und ihre Werte im Sinne der phallischen Abwehrorganisation ändern. (Benz 1984, S. 327)

Nur in der Identifikation mit der kindergebärenden Mutter sieht Benz eine Möglichkeit zu einer Kreativität, die nicht Spuren narzißtischer Verwundung in sich trägt, sondern über eine Besetzung von Gedanken, Vorstellungen und Phantasien als weiblichem inneren Raum eine Trauerarbeit begünstigt.

Mir allerdings scheint Skepsis angebracht, ob die narzißtische Kränkung, die Tatsache, daß der Mann nicht selbst gebären kann und in seiner frühen Kindheit so existenziell auf mütterliche Versorgung angewiesen ist, in kontinuierlicher Trauerarbeit bewältigbar werden kann. Dazu mag auch beitragen, daß die narzißtische Bedrohtheit des Mannes auch im Erwachsenenalter anhält, worauf Rotter (1989, S. 30) verwiesen hat:

> Diese Furcht des Mannes vor der Frau wird uns vielleicht etwas verständlicher, wenn wir bedenken, daß sich der Mann, wenn er seine sexuellen Wünsche befriedigt, in narzißtischer Hinsicht bedroht fühlt; muß er auch am Koitus nicht sterben, wie manche Tiere, so muß er doch sein Sperma, sein Geld, seine Freiheit opfern. Demgegenüber glaube ich, daß die Frau im sexuell-genitalen Leben gleichzeitig ihre narzißtischen Wünsche befriedigt; sie verschafft sich den Penis, das Sperma, das Kind und erlebt also wirklich die Vergrößerung ihres Körpers und ihres Wirkungskreises.

Deshalb scheinen die destruktiven Lösungsmodi im unbewußten Geschlechterkampf für Männer oft die näherliegenden, wie sie sich in Spaltung des Frauenbildes und Projektion der negativen Objektaspekte beim »Koro«, in unbewußter Rache und Haß auf die Weiblichkeit bei vielen westlichen Analysanden zeigen.

Die Verdrängung des Kannibalismus – und seine Wiederkehr in Sexualität und Kultur

Beißen, kauen, fressen, verschlingen – in den »Alien«-Filmen mit der Protagonistin »Lt. Ripley« und ihren Gegenspielern, geifernden, zähnebewehrten Wesen aus einer anderen Welt, ist das kannibalische Thema in eine Form der Darstellung gebracht, in der die mörderischen Impulse zunächst einer gänzlich anderen als der menschlichen Materie zugeschrieben sind. Erst langsam enthüllen die Filmsequenzen den projektiven Gehalt der Bildphantasien und lassen den Menschen wieder als das erscheinen, was er seiner Triebnatur gemäß ist: Ein kannibalisches Wesen, mit heftigen Impulsen zur Vernichtung und Inkorporation seiner Artgenossen, allerdings auch mit der Fähigkeit zur Projektion aller unerwünschten Selbstaspekte auf »Aliens«. Wieder einmal scheint es so, als wisse die Massenkultur mehr über das Wesen des Menschen auszusagen als die akademischen Vertreter in Psychoanalyse und Ethnologie zu denken wagen: Bei ihnen ist der Diskurs über den Kannibalismus verschwunden oder so entstellend verändert, daß er die früheren Einsichten unkenntlich macht. Wenn ich deshalb »Verdrängung des Kannibalismus« schreibe, meine ich zwei Bewegungen: Der ständige innere Widerstand gegen die Erkenntnis und das Anerkennen der eigenen Triebnatur ist heute begleitet von einer Verdrängung im wissenschaftlichen Diskurs, zu der diejenigen Psychoanalytiker entscheidend beitragen, die von Trieben und gar vom Kannibalismus nicht mehr reden möchten. Während Freud, Abraham und Klein die kannibalischen Triebimpulse als charakteristisch für die innerpsychische Entwicklung eines jeden Menschen ansahen, taucht der Begriff in der aktuellen psychoanalytischen Diskussion kaum mehr auf.

Doch die Verdrängung des Kannibalismuskonzepts und -begriffs aus dem analytischen Diskurs bedeutet nicht, daß die Beobachtungen und Einsichten Freuds und seiner Schüler keine Geltung mehr hätten. Die menschliche Psyche hält sich nicht an die verordneten Sprachregelungen, sondern produziert auch weiterhin Phantasien, die sich ihren Ausdruck in Symptomen, Handlungsimpulsen und Träumen suchen. Die psychoanalytische Praxis bietet mit ihren Grundregeln der freien Assoziation des Analysanden und der gleichschwebenden Aufmerksamkeit des Analytikers weiterhin eine Chance zu hören und zu verstehen, was sonst im Unbewußten bleibt.

Im zweiten Jahr einer Gruppenanalyse beschäftigt sich eine Teilnehmerin in der aktuellen Sitzung mit der Frage, wie sie darauf reagieren soll, daß ihr zweieinhalbjähriger Sohn noch jede Nacht mehrere Male aufwacht, zu ihr ins Bett kommt und an ihrer Brust trinkt. Sie ist bereits von mehreren Bekannten darauf aufmerksam gemacht worden, daß ihre Freigebigkeit dem Sohn gegenüber ihm schaden könne, und sie selbst hat die ängstigende Vorstellung, ihn mit ihrer gewährenden Haltung zu sehr an sich zu binden. Ihr Verhalten bringt sie auch mit ihrer chronischen Ehekrise und der Tatsache, daß ihr Ehemann sie kaum noch begehre, in Verbindung. Die Gruppenteilnehmerin ist sich durchaus der eigenen tief empfundenen emotionalen und erotischen Befriedigung in diesen Situationen mit dem Sohn bewußt. Sie verknüpft sie mit der eigenen Kindheitsgeschichte, in der die Mutter nach der Geburt ihrer Tochter an einer langen Wochenbettdepression litt, ihr die Brust verweigerte und das Kind, die jetzige Gruppenanalysandin, auch später nur nach festem Zeitplan mit der Flasche fütterte.

In den Antworten der anderen Gruppenteilnehmer kommen eigene Erfahrungen mit der Stillzeit ihrer Kinder, aber auch mit dem nächtlichen Aufsuchen des Betts der Eltern, oft bis zum Beginn der Pubertät, zur Sprache. Erfahrungen anderer Gesellschaften werden zitiert, z.B. war die erwähnte Teilnehmerin längere Zeit in einer Region Afrikas, wo sie bei der dort lebenden Ethnie regelmäßige Stillzeiten von vier Jahren beobachten konnte.

Schließlich erzählt die Gruppenteilnehmerin einen Traum:

> Ich gehe mit meiner Mutter und den beiden Kindern in den Zoo. Dort ist ein großer Raum; ein Mensch mit üblem Gesicht scheint auf uns zu warten. Wir sollen essen. Ich bekomme zuerst ein riesiges Stück Fleisch serviert, das ich mit einem Messer in gleichmäßige Stücke zerlegen soll. Dabei merke ich, daß das lebendiges Fleisch ist, das

furchtbar blutet. Kaum bin ich fertig mit dem Schneiden, wird gebratenes Fleisch serviert.

Die Gruppe reagiert zunächst mit Schweigen und Bestürzung. Später erzählt eine Teilnehmerin, daß ihr beim Zuhören übel wurde. Aus einzelnen Assoziationen zum Traum erarbeitet die Gruppe schließlich eine Deutung an die Träumerin: Die kannibalische Wut der Träumerin auf die eigene Mutter – ihr unbefriedigter Wunsch nach Kauen und Saugen am lebendigen Fleisch, das blutet – verbindet sich mit ihrer Vorstellung von der oralen Gier ihres Sohnes, der sie nicht standhalten kann. Unbewußt ist sie mit seinen oral-kannibalischen und inzestuös-sexuellen Wünschen identifiziert und unterstützt so seine fordernd-aggressive Haltung. Seine nächtlichen Wünsche nach »Milch und Fleisch« werden nun deutlich als verdrängte eigene Impulse, die ihr Sohn stellvertretend für sie ausagiert.

Während die Gruppe noch tief bewegt ist von der Heftigkeit der kannibalischen Triebimpulse, die zur Sprache kommen konnten, erzählt eine andere Teilnehmerin von einem Traum, in dem ein Mann an ihrer Brust hängt und sie ihn trotz verzweifelter Anstrengungen nicht mehr losbekommt. In den Assoziationen der anderen Gruppenteilnehmer tauchen nun Phantasien auf, die Brust mit einem Messerschlag abzutrennen, um die Angegriffene zu befreien, oder sie dem als Angreifer phantasierten Mann »ins Maul zu stopfen«, um ihn zu ersticken und auf diese Weise loszuwerden. Offenbar folgte auf die relativ unverhüllten gierig-oralen Wünsche eine Bewegung, die sich inhaltlich als Darstellung kannibalischer Angst, unter Abwehrgesichtspunkten als Reaktionsbildung verstehen läßt.

Wenn wir der Einteilung von Georges Devereux folgen und in dieser kurzen Gruppenszene nach ethnischem, kulturell gebundenem, und idiosynkratischen, an der spezifischen Lebensgeschichte entlang erschließbarem Unbewußten unterscheiden, so finden wir einerseits Elemente, die sich bei dieser Teilnehmerin aus ihrem individuellen Schicksal in unserer Kultur verstehen lassen, andererseits Verweise auf kulturelle Regeln des Stillens, Abstillens, des gemeinsamen Schlafens von Erwachsenen und Kindern, der Tabuisierung der Sexualität zwischen Kindern und Erwachsenen, die mit dem uns allen gemeinsamen ethnischen Unbewußten in Verbindung stehen und kulturtypische Verdrängungsprozesse beinhalten. Die kulturelle Regel unserer Ethnie besagt, daß mit dem Zahnen der Kinder, mit ihrer Möglichkeit zu beißen und damit zuzubeißen, abgestillt wird. Die Träume der Teilnehmerinnen enthalten manifeste und latente kannibalische Elemente. Der Traum der ersten Gruppenanalysandin bringt ein spezifisches Kindheitstrauma kompromißhaft zur Darstellung. Die Gruppenassoziationen dagegen verweisen darauf, daß in unserer Kultur die kannibalischen Impulse der Erwachsenen auf den zahnenden Säugling projiziert werden können, womit sie zugleich zur Darstellung gebracht, aber auch eingegrenzt werden können.

Letztlich geht es hier um kulturell erzwungenen Triebverzicht, der einerseits das Schicksal der infantilen Sexualität prägt, andererseits zur Neurosenbildung beiträgt. Freud verstand die Neurose immer als den Preis, den wir für die kulturelle Entwicklung zu zahlen haben; unbewußt verharren wir aber in einer ständigen Rebellion gegen die Unterdrückung unserer Triebwünsche, bleiben damit »Feinde der Kultur« (Freud 1927, S. 327). Tabuisiert werden in der kulturellen Entwicklung im wesentlichen Triebimpulse, die für den »animalischen Urzustand« des Menschen kennzeichnend sind:

> Solche Triebwünsche sind die des Inzests, des Kannibalismus und der Mordlust. (Freud 1927, S. 331)

Dieser Hinweis auf den Kannibalismus als Triebwunsch, wie Freud ihn an dieser Stelle in »Die Zukunft einer Illusion« hervorhebt, scheint mir heute allerdings aus dem Bewußtsein der Analytiker wieder verdrängt. Über Mordlust und Inzest wird unter Psychoanalytikern noch verhandelt, auch wenn diese Triebwünsche so sehr zu Allgemeinplätzen des öffentlichen Diskurses geworden sind, daß die ihnen anhaftende Destruktivität getilgt scheint. Verwunderung und Distanzierung ruft dagegen hervor, wer an der Ausschließung des Kannibalismus aus dem psychoanalytischen Sprachgebrauch zu rühren wagt. Fast scheint es, als sei das Tabu des Kannibalismus heute transformiert in ein Verbot, über ihn überhaupt nachzudenken.

Wie sieht das kulturelle Schicksal der Thesen Freuds zum Kannibalismus aus, die er seit 1912 vorgelegt hat? In »Totem und Tabu«

entwarf er bei der Untersuchung der Frage, wie in totemistischen Gesellschaften einerseits die volle Identifizierung der Stammesangehörigen mit dem Totemtier und andererseits ihre ambivalente Gefühlseinstellung gegenüber demselben zueinanderpassen, eine Vorstellung von der Totemmahlzeit, die sie zum Anfangspunkt entwickelterer Kulturen erklärte. Nach seiner Vorstellung herrschte in der Urhorde ein gewalttätiger, eifersüchtiger Vater, der alle Frauen für sich beanspruchte und die heranwachsenden Söhne vertrieb, kastrierte oder tötete. Die Entwicklung von Männerverbänden, die sich durch gleiche Rechte untereinander auszeichnen, aber den Einschränkungen des totemistischen Systems unterliegen, stellte er sich folgendermaßen vor:

> Eines Tages taten sich die ausgetriebenen Brüder zusammen, erschlugen und verzehrten den Vater und machten so der Vaterhorde ein Ende. Vereint wagten sie und brachten zustande, was dem Einzelnen unmöglich geblieben wäre. (Vielleicht hatte ein Kulturfortschritt, die Handhabung einer neuen Waffe, ihnen das Gefühl der Überlegenheit gegeben.) Daß sie den Getöteten auch verzehrten, ist für den kannibalischen Wilden selbstverständlich. Der gewalttätige Urvater war gewiß das beneidete und gefürchtete Vorbild eines jeden aus der Brüderschar gewesen. Nun setzten sie im Akte des Verzehrens die Identifizierung mit ihm durch, eigneten sich ein jeder ein Stück seiner Stärke an. Die Totenmahlzeit, vielleicht das erste Fest der Menschheit, wäre die Wiederholung und die Gedenkfeier dieser denkwürdigen, verbrecherischen Tat, mit welcher so Vieles seinen Anfang nahm, die sozialen Organisationen, die sittlichen Einschränkungen und die Religion. (Freud 1912-13, S. 171f)

In den wenigen Worten dieser These griff Freud eine Reihe von Themen auf, die für ihn nun miteinander in Verbindung standen: Gruppenbildung, Opferung, Vatermord, Möglichkeit des Inzests, Kannibalismus, Identifizierung, Festlichkeit, Introjektion, Über-Ich-Bildung, soziale Regeln und Religionsbildung. Im Zentrum von Freuds Interesse stand dabei nicht der kannibalische Akt an sich, sondern seine Ausgestaltung als Totemmahlzeit, als Opfer, das mit der Aura des »Heiligen«, also von Verbot und Tabu, umgeben ist. Der Vatermord allein reicht seiner Ansicht nach nicht aus, um das angestrebte Ziel der Identifizierung zu erreichen, nämlich Aneignung der Macht des Vaters und gemeinsames Teilen des Zugangs zu den Frauen; hierzu muß der Vater tatsächlich verzehrt werden. Aber mit der Aneignung der geneideten Macht des Vaters kann der Vorgang noch nicht zum

Stillstand kommen: Da es eine kollektive Inkorporation ist, von allen Brüdern geteilt, könnten Neid und Angst voreinander ohne die Einschränkungen durch den Vater erst recht überhandnehmen. Schuld, Reue und Angst vor Rache kommen hinzu, so daß am Ende als kompromißhafte Lösung nur die Introjektion seiner Verbote bleibt.

Obwohl Freud sich bei diesen Überlegungen auf ethnologische und religions-wissenschaftliche Untersuchungen stützte, z.B. auf Frazers »Totemism and Exogamy« (1910) und auf Smiths »The Religion of the Semites« (1907), waren seine Thesen schon bald nach ihrer Veröffentlichung bei Ethnologen und Psychoanalytikern heftig umstritten. Sicher lassen sie sich heute auch nicht mehr als Beitrag zur Ethnologie fremder Völker lesen. Aber für die psychoanalytische Theoriebildung war nun die Sicht frei auf die psychologische Bedeutung von Inkorporation, Introjektion und Identifizierung, die Freud als von Anfang an ambivalent versteht, da in ihr ebenso zärtliche Regungen wie Beseitigungswünsche zum Ausdruck kommen können. Diese Haltung gegenüber dem begehrten und geschätzten Objekt finde sich auch im Kannibalismus:

> Der Kannibale (...) hat seine Feinde zum Fressen lieb, und er frißt die nicht, die er nicht irgendwie lieb haben kann. (Freud 1921, S. 116)

Durch diese Perspektive konnten nun Haltungen eines Subjekts gegenüber seinen Objekten oder Teilobjekten bezeichnet werden, die von einer grundlegenden Ambivalenz bestimmt sind. Folglich benannte Freud in der Ausgabe der »Drei Abhandlungen zur Sexualtheorie« (1905) von 1915 die orale Stufe der Triebentwicklung als »kannibalische«:

> Eine erste solche prägenitale Sexualorganisation ist die orale oder, wenn wir wollen, kannibalische. Die Sexualtätigkeit ist hier von der Nahrungsaufnahme noch nicht gesondert, Gegensätze innerhalb derselben nicht differenziert. Das Objekt der einen Tätigkeit ist auch das der anderen, das Sexualziel besteht in der Einverleibung des Objektes, dem Vorbild dessen, was späterhin als Identifizierung eine so bedeutsame psychische Rolle spielen wird. (Freud 1905, S. 98)

Daß die Einverleibung des Objektes zugleich dessen Tötung bedeutet, also das Ende eines selbständigen Fortbestehens des Anderen, hat Freud weiterhin beschäftigt und ihn immer wieder die ambivalente Beziehung zum Objekt auf der oral-kannibalischen Stufe der Triebentwicklung unterstreichen lassen:

> Vorstufen des Liebens ergeben sich als vorläufige Sexualziele, während die Sexualtriebe ihre komplizierte Entwicklung durchlaufen. Als erste derselben erkennen wir das Sich-Einverleiben oder Fressen, eine Art der Liebe, welche mit der Aufhebung der Sonderexistenz des Objekts vereinbar ist, also als ambivalent bezeichnet werden kann. (Freud 1915, S. 231)

Die Gedanken Freuds zur oral-kannibalischen Phase hat v.a. Abraham weitergeführt, der dann auch die Unterscheidung zwischen früherer oraler Sauge-Stufe und späterer oralsadistischer oder kannibalischer Stufe einführte. In seiner Studie »Untersuchungen über die früheste prägenitale Entwicklungsstufe der Libido« (Abraham 1916) beschäftigt er sich mit den unbewußten Zusammenhängen zwischen kannibalischer Oralerotik und seelischen Verstimmungszuständen, v.a. melancholischer Art. Er schildert zunächst Krankengeschichten, in denen das Verlangen nach Einverleibung von den Patienten selbst als kannibalische Regung bezeichnet wird und sich in einer besonderen Betonung der Sauge- oder Beißlust äußert. Er untersucht dann das Auftreten abnormer Hungergefühle, die Verweigerung der Nahrungsaufnahme wie auch die Angst vor dem Verhungern als Äußerungen depressiver Störungen bzw. als Abwehrmodalitäten dagegen. In Bezug auf die Beziehung der melancholisch Erkrankten zu ihren Objekten schreibt er:

> Der melancholisch Verstimmte richtet in seinem Unbewußten auf sein Sexualobjekt den Wunsch der Einverleibung. In der Tiefe seines Unbewußten findet sich die Tendenz, das Objekt zu verschlingen, zu vernichten. (...) im Gegensatz zum sadistischen Gelüste des Zwangsneurotikers aber scheint mir die unbewußte Wunschtendenz beim Melancholiker eben dahin zu gehen, diese Vernichtung durch das Auffressen des Liebesobjektes zu vollziehen. (Abraham 1916, S. 109)

Später (in »Versuch einer Entwicklungsgeschichte der Libido aufgrund der Psychoanalyse seelischer Störungen, 1924) konnte Abraham seine Beobachtungen mit Freuds Überlegungen zum Mechanismus der Melancholie in Übereinstimmung bringen; Freud hatte die Introjektion eines verloren gegangenen Liebesobjektes als wesentlichen Schritt in der Psychogenese der Melancholie benannt und beispielsweise an den Selbstanklagen, die eigentlich dem verlorenen Objekt gelten, belegt. Diese Introjektion des verloren gegangenen Liebesobjektes ist nun nach Abraham

> ein Vorgang der Einverleibung, wie er einer Regression der Libido zur kannibalischen Stufe entspricht. (Abraham 1924, S. 115).

Mit der Bezeichnung »kannibalisch« hat Abraham vor allem Aspekte der oralen Objektbeziehung unterstrichen: Die Mischung von Libido und Aggression sowie die Einverleibung des Objekts und die Aneignung seiner Qualitäten. Da diese kannibalische Stufe den Übergang von der Aktivität des Saugens an der Brust zum Erscheinen der Zähne mit den Möglichkeiten des Beißens und Verschlingens einschließt, ist mit ihr die Möglichkeit der aggressiven Zerstörung des Objekts, aber auch von Phantasien, selbst gefressen und vernichtet zu werden, gegeben.

Die auf der Oralität aufbauenden Internalisierungsprozesse sind allerdings notwendige Schritte jeder innerpsychischen Entwicklung. Dabei kann man zwischen Inkorporation, Introjektion und Identifizierung unterscheiden (vgl. Mentzos 1982). Psychisch gesehen sind Inkorporationen sehr früh, d.h. vor der Differenzierung von Subjekt und Objekt ablaufende, triebnahe Internalisierungen. Introjektionen setzen eine gewisse Ich-Reife voraus, ebenso entwickelte Selbst/Objekt-Grenzen; die Objektbeziehungen sind allerdings durch eine besonders starke Ambivalenz gekennzeichnet, die v.a. mit projektiven Mechanismen abgewehrt wird. Identifikationen als »reifste« Form erlauben die selektive Identifizierung mit Teilaspekten des Objekts und beruhen auf ausgeglichenen, konstanten Objektbeziehungen.

Nach Abraham haben schließlich Melanie Klein und ihre Schüler den kannibalischen Impulsen des Säuglings eine überragende Bedeutung zugeschrieben, indem sie ausgehend von der Projektion oral-sadistischer Wünsche des Kindes auf das primäre Objekt projektive und introjektive Vorgänge zum Grundmodell aller psychischen Aktivität nahmen (Klein 1972). Melanie Klein ist der Ansicht, daß eine ursprüngliche Angst des Kindes auf die Befürchtung zurückgeht, daß das mütterliche Objekt, von dem es gerade verlassen worden ist, sich ihm nicht mehr zuwendet, weil es vernichtet ist. Im magischen Denken des Kindes ist diese Idee mit der Vorstellung verknüpft, selbst für die Tötung verantwortlich zu sein, und zwar nach dem Muster der oral-kannibalischen Einverleibung. Die Ängste, getötet und aufgefressen zu haben, sind allerdings so unerträglich, daß sie projektiv nach außen abgespalten werden müssen, wodurch dem Kind das mütterliche Objekt, oder primär die Brust als Teilobjekt, zur Bedrohung wird. Die Angst richtet sich also darauf, daß die eigene Gier das Objekt der Begierde vernichtet haben könnte und daß dieses Objekt mit derselben Gier zum bedrohlichen Verfolger wird.

In den aktuellen an Freud und Klein orientierten psychoanalytischen Auffassungen werden die oralen Triebbedürfnisse des Kindes weiterhin als grundlegend für die Bildung von innerpsychischer Struktur und von Objektbeziehungen gesehen. Der Begriff der Oralität bleibt hier an Sexualität und Triebentwicklung geknüpft. In anderen psychoanalytischen Konzeptionen ist der Begriff des Kannibalismus dagegen verschwunden; die orale Phase bezeichnet in ihnen nur noch einen zeitlichen Rahmen, in dem bestimmte Entwicklungsprozesse ablaufen. Diese Konzepte stellen z.B. die Entwicklung von der Symbiose zur Individuation oder – v.a. in Anlehnung an die beobachtende Säuglingsforschung – von Triebspannungen unabhängige, angeborene Möglichkeiten des Säuglings zu kognitiven und affektiven Bindungen und zu explorativer Aktivität in den Mittelpunkt ihrer Überlegungen (Lichtenberg 1991). Sicher tragen diese Erlebnismöglichkeiten, eingebunden in die Interaktion des »kompetenten Säuglings« mit seinen primären Objekten, zur innerpsychischen Strukturbildung bei. Allzu oft wird aber hierbei übersehen oder verleugnet, daß der Säugling seinen Triebspannungen durchaus hilflos ausgeliefert ist, daß v.a. starke körpergebundene Erfahrungen und Reize die innerpsychische Entwicklung anstoßen und unterhalten. So stellen z.B. der Beginn der Zahnentwicklung und die damit verknüpften physiologischen Prozesse, die vor allem das Zahnfleisch betreffen, einen starken Reiz für kannibalische Impulse und Phantasien dar. Sobald die ersten Zähne erscheinen, beginnen die Kinder in die Brust zu beißen. Ebenso läßt sich beobachten, daß sie sich mit dem Durchbruch der Zähne sogar selbst beißen; Shengold (1995) hat hierfür den Begriff des Auto-Kannibalismus eingeführt und darauf hingewiesen, daß seine Anfänge in einer Zeit liegen, in der die Brust der

Mutter noch als Teil des Körper-Ichs des Kindes betrachtet wird. Das Zahnen verschaffe eine Abfuhrerfahrung schmerzhafter Spannung, die unter bestimmten Bedingungen vorbildhaft für spätere Möglichkeiten der Spannungsentladung bleibe; das kannibalische Beißen könne dabei gegen sich selbst wie gegen andere eingesetzt werden. Shengold (1995, S. 153f) führt aus, daß jede erogene Zone mit kannibalischer Libido ausgefüllt werden kann:

> Die Zähne sind begleitendes Rüstzeug und auf jeder Stufe der libidinösen Entwicklung das Urbild des penetrierenden, zerstörenden Objektes und stehen mit jeder erogenen Zone des Körpers in Verbindung, die oral-sadistische Libido entladen kann. Unterschiedliche Objekte, die Zahnträger sein können, umfassen: den penetrierenden, kastrierenden Phallus des Elternteils (des Vaters oder der phallischen Mutter) und die Fäkalien des zweiten analen Stadiums, des offensichtlichen ›Nicht-Ichs‹. Die fäkale Substanz, die ich bin und gleichzeitig nicht bin, und der Brust-Mund sind frühere, nicht vollständig voneinander abgegrenzte Subjekt-Objekte, die mit kannibalistischer Libido besetzt werden können. Daher können beide, das Subjekt und das Objekt, das Selbst und das Andere mit Zähnen ausgestattet werden. Die Phantasien können viele Formen annehmen, indem sie mit den erogenen Zonen verbunden sind, die Partialobjekte und -subjekte sind: eine Brust mit Zähnen, *eine Vagina dentata, ein Rectum dentatum, eine Urethra dentata* (Keiser 1954), ein Phallus, der mit einem Mund ausgestattet ist (Fliess 1965). Der Mund dieses [zweiten oralen] Stadiums ist auf alle späteren vorherrschend erogenen Zonen übertragbar.

Shengold ist einer der wenigen Autoren, die sich im aktuellen psychoanalytischen Diskurs auf das Freudsche Kannibalismus-Konzept beziehen und es in kreativer Weise für die Diskussion aktueller Fragen, hier z.B. der Auswirkungen von Vernachlässigung und Mißbrauch in der Kindheit, nutzen.

Auch die zeitgenössische Ethnologie hat sich aus der Beschäftigung mit Fragen des Kannibalismus weitgehend verabschiedet und trägt nur noch wenig zur Untersuchung kannibalischer Praktiken, Phantasien und Mythen bei. Dies wird damit begründet, daß aktuelle ethnologische Beobachtungen von Kannibalismus-Praktiken weitgehend unmöglich geworden seien, seit die Kolonialisierung anderer Kulturen durch die westliche Zivilisation zu einer fast vollständigen Unterdrückung des dort praktizierten Kannibalismus geführt hat. Noch wird der ethnologische Blick zu wenig auf die eigene Kultur gerichtet, in der sich doch genügend Spuren von symbolisiertem und auch praktiziertem Kannibalismus finden ließen (vgl. Kaser 1996).

Heute scheint das Material, das Ethnologen zum Kannibalismus beitragen können, weniger durch direkte Beobachtung als durch Beschäftigung mit den Mythen, die von ihm künden, und deren Rezeptionsgeschichte gespeist zu sein. So gewinnt z.B. in der zeitgenössischen Ethnologie die rezeptionsgeschichtliche Fragestellung, warum und wie die europäischen Eroberer nach der Entdeckung Amerikas über kannibalische Praktiken der dortigen Eingeborenen berichten, ein deutliches Übergewicht gegenüber einem Interesse an eventuell real praktiziertem Kannibalismus.

Folgt man den ethnologischen Texten, so lassen die kontextuellen Unterschiede, in denen über Kannibalismus berichtet wird, zunächst keine einheitliche Interpretation zu. Allerdings sprechen alle Überlieferungen von Regeln, die bei kannibalischen Praktiken einzuhalten sind; praktizierter Kannibalismus stellt sich als eine Form institutionalisierter sozialer Aggression dar. Mit sozialer Aggression ist dabei die systematische, wiederkehrende, legitimierte Behandlung einer Gruppe von Menschen als Objekt durch eine andere Gruppe gemeint. Wenn wir Ethnien betrachten, bei denen den Berichten zufolge Kannibalismus kulturell akzeptiert wurde, so finden wir Regeln, die genau angeben, wann, wo und wie er praktiziert werden kann. Allerdings unterscheiden sich die psychologischen und sozialen Umstände, insbesondere die soziale Legitimierung des Kannibalismus in einem weiten Ausmaß. Eine weitreichende Untersuchung hierzu hat Eli Sagan mit seinem Werk »Cannibalism, Human Aggression and Cultural Form« (Sagan 1974) vorgelegt. Dort behauptet er, daß Kannibalismus nur in sogenannten »primitiven« Gesellschaften auftrete: Einfachen, vorschriftlichen Kulturen, wie sie in der Regel von Ethnologen studiert werden. Nun hat Sagan seine Quellen weitgehend unkritisch übernommen, d.h. ohne sie einer eingehenden historisch-kritischen Quellenanalyse zu unterziehen. Er zitiert lediglich die Azteken als literarische, komplexe Kultur, die dennoch in einem beschränkten Ausmaß Kannibalismus praktizierte. In den frühen Gesellschaften Ägyptens, Mesopotamiens und der griechischen Welt finde sich dagegen kein Hinweis auf praktizierten Kannibalismus. Offenbar haben Sagan keine Informationen über die historische Realität der chinesischen Kultur vorgelegen, deren Schriftkultur weit zurückreicht und die sowohl Exo- wie Endokannibalismus kannte (Beispiele werde ich weiter unten ausführen).

Interessant am chinesischen Beispiel scheint mir auch, daß hier eine Kultur in ihren eigenen Annalen und historischen Mythen sich als kannibalisch beschreibt, d.h. Berichte über Kannibalismus und dazugehörige Rituale in der eigenen Geschichte wiedergibt. In der Diskussion um die Realität europäisch-ethnologischer Kannibalismusbeschreibungen wurde immer wieder das Problem thematisiert, daß der Kannibalismus nur fremden, nie der eigenen Ethnie zugeschrieben worden sei, diese Zuschreibung aber als Hinweis auf den projektiven Charakter der Darstellungen gewertet werden müsse (Röckelein 1996). Hierbei wird z.B. auf die »Entdeckung« des Kannibalismus bei den Eingeborenen der Neuen Welt hingewiesen und mit der Beobachtung verknüpft, daß die Entdecker und Missionare ihren Kreuzzug gegen die kannibalischen Praktiken mit der »Frohen Botschaft« des Christentums legitimierten, die ja ausgesprochen die Inkorporation Christi beinhaltet. Daß diese Projektionen des Kannibalismus universell zu sein scheinen, zeigt der offizielle Auftrag der chinesischen Regierung an ihre ersten Botschafter in den europäischen Ländern nach dem Jahre 1866, zu klären, zu welchen Pillen denn die Kinder verarbeitet würden, die von den christlichen Missionaren nach Europa mitgenommen wurden (mündliche Mitteilung M. Harbsmeier). Über die Betonung dieser projektiven Zuweisungen wird mit psychoanalytischen Erkenntnissen immer wieder von einem Teil der Ethnologen die Realität des Kannibalismus bestritten, so daß die ethnologische Debatte, ob es gewohnheitsmäßiges, wenn auch rituell eingeschränktes Essen von menschlischem Fleisch wirklich gegeben habe, bis heute nicht beendet ist. Zumindest lassen die weit auseinanderliegenden Auffassungen von Wendt (1989) und Frank (1988) keine eindeutige Interpretation der vorliegenden Forschungsergebnisse zu. Auch die prähistorisch-archäologische Forschung hat für die Frühzeit des Menschen keine gesicherten Antworten geben können, sondern mußte die Frage nach der Realität eines gesellschaftlich akzeptierten Kannibalismus offen lassen; lediglich das Trinken von Knochenasche der Toten der eigenen Ethnie wird auf diesem

Gebiet als gesicherte Tatsache anerkannt (vgl. Peter-Röcher 1994).

Mag für den Ethnologen und Historiker eine kritische Sichtung der Quellen unabdingbar sein, aus psychoanalytischer Perspektive stellt dennoch jeder Kannibalismusbericht ein untersuchenswertes Faktum dar. Die Untersuchung kann sich nämlich auf die Person und Ethnie des Berichterstatters selbst beziehen und stellt dann z.B. die Frage nach den Ursachen und inhaltlichen Bestimmungen projektiver Denkfiguren in den Mittelpunkt der Betrachtung. Solange real praktizierter Kannibalismus als kulturelle Praxis aber aufgrund der kritisch-historischen Sichtung der Quellen nicht ausgeschlossen werden kann, muß die Psychoanalyse auch nach den Gründen für die in allen Berichten erwähnten rituellen Einschränkungen forschen.

Betrachten wir zunächst die Berichte über Ethnien, die nicht Mitglieder ihres eigenen Stammes essen, sondern nur Angehörige »gegnerischer« Stämme. In diesen Fällen hängen Kriegführung und Kannibalismus eng zusammen: Im Krieg ist bei diesen Völkern das Aufessen des Feindes ebenso wichtig wie der Sieg über ihn. Psychologisch gesehen endet in diesen Gesellschaften die Aggression gegen den Feind im Mund und im Magen. Insbesondere die jungen Leute werden ermuntert, Feinde zu essen, um stark und männlich zu werden.

Gegenüber dem eigenen Kannibalismus hält der Kannibale eine grundsätzliche psychologische Haltung der Ambivalenz aufrecht, auf welche die rituellen Regelungen zurückgehen, die als unbewußte Kompromißbildungen zwischen Triebimpulsen und Abwehr verstanden werden können. Psychodynamisch steht die Ambivalenz mit der Angst in Zusammenhang, daß das Ausagieren gewisser lustbesetzter Wünsche Bestrafung und Zurückweisung nach sich ziehen könnte. In vielen Fällen wird der Umgang mit der Ambivalenz so gestaltet, daß nur einer bestimmten Gruppe des Stammes Kannibalismus gestattet ist, während er allen anderen Mitgliedern verboten wird. Ebenso zeigt sich die Ambivalenz darin, daß in fast allen Fällen kannibalischer Aktivität rituelle Formen eingehalten werden müssen, mit denen der kannibalische Akt in den normalen Alltagsablauf des Stammes integriert wird. Dies ist besonders bei denjenigen Stämmen der Fall, bei denen der Kannibalismus nicht auf bestimmte

Untergruppen beschränkt ist. Solche Rituale können z.B. in einem Tabu für den Totschläger liegen, vom Fleisch des Getöteten zu essen; sie können in rituellen Schutzmaßnahmen für den bestehen, der getötet hat; sie können auch in rituellen Vorschriften für das Verhalten beim Essen des menschlichen Fleisches bestehen. Über die Bandbreite der Stämme, die Kannibalismus praktizieren, hinweg finden sich keine spezifischen Trends, die für alle diese Stämme zutreffen, vielmehr ist die einzig konsistente Regel, daß überall rituelle Sanktionen existieren, die regeln, welche Teile des Erschlagenen gegessen werden können und wem sie zugeteilt werden. Eine weitere Möglichkeit des rituellen Umgangs mit dem Kannibalismus liegt darin, daß der Mörder sich selbst oder seinen Nachkommen den Namen des erschlagenen Feindes gibt.

Für die chinesische Kultur hat Granet den kannibalischen Verzehr von Feinden als Charakteristikum der Epoche der Gründung der Fürstentümer (Zeit der Chou-Dynastie, 1122-255 v. Chr.) nachgewiesen (Granet 1929). Anhand seiner Quellen zeigt er, daß zunächst der Verzehr von »Barbaren«, also von Menschen, die außerhalb der zivilisatorischen Ordnung der damaligen chinesischen Kultur standen, als legitimer Akt galt. Während der Triumphfeiern nach einem Sieg im Kampf kam es zu kannibalischen Festgelagen, bei denen

> sich die siegreichen Götter und Menschen vollschlugen. Die Barbaren sind bloß Wild, durch dessen Verzehr man sich fremde Wirkkräfte aneignen und eine Eroberung vollenden kann. (Granet 1929, S. 86)

Während des Ringens um die Vorherrschaft der Fürstentümer untereinander wird dann auch über das rituelle Verzehren fremder Fürsten berichtet, allerdings erst nachdem diese ihres Charakters als Chinese beraubt und zu Barbaren erklärt worden waren. Dabei gestaltet sich der Übergang von den vorher üblichen Tanzwettkämpfen und dramatischen Turnieren bis zur kannibalischen Vernichtung des besiegten Gegners fließend:

> Der Wettkampf um den Triumph endet nicht mehr mit einem Festmahl und Hochzeiten, in denen sich die tiefen gegenseitigen Verpflichtungen ausdrücken und das Gleichgewicht wiederhergestellt wird, sondern in einer Einverleibung. Die beiden sich bekämpfenden Führer nehmen nicht gemeinsam an einem Bankett teil – der Sieger zeigt

> sich den Unterlegenen als Beherrscher. Indem er das Fleisch des gefallenen Feindes verzehrt, nimmt er alle Kräfte der unterlegenen Gruppe in sich auf und macht sie zu seinen Vasallen. (Granet 1929, S. 87)

Der Kannibalismus folgt hier also auf eine Epoche, in der das Triumphgefühl über den Feind, welcher der eigenen Kultur angehört, noch in sublimierter Form zum Ausdruck gebracht worden war. Leider finden sich bei Granet keine Hinweise, welche Gründe zu dieser kulturellen Regression geführt haben könnten.

Wenden wir uns nun dem sogenannten »zärtlichen Kannibalismus« zu, der immer auf Angehörige der eigenen Ethnie gerichtet ist, also als Endokannibalismus bezeichnet werden kann. Sagan versteht darunter das Essen des Körpers oder von Teilen des Körpers verstorbener Verwandter, die nicht speziell für diesen Zweck getötet worden waren, sondern eines natürlichen Todes gestorben sind. Oft findet dieses Essen innerhalb der Regularien der Begräbnisriten statt. Psychologisch gesehen ruft der Tod eines Angehörigen intensive, angstbesetzte Trennungsgefühle hervor. Die Intensität dieser Gefühle und die Endgültigkeit der Trennung leiten bei den Überlebenden eine Regression ein, oft auf ein relativ frühes Stadium, in dem Trennung und das Gefühl, absolut verlassen zu sein, gleichgesetzt werden. In diesem Stadium kennt das kleine Kind den Wunsch, die Quelle von Frustration und Ärger oral zu inkorporieren. Dieser phantasierte Akt der oralen Inkorporation hat sowohl eine zärtliche wie auch eine aggressive Dimension, auf die im Trauerfall zurückgegriffen werden kann.

Auch diese Form des Endokannibalismus findet sich in der Geschichte der chinesischen Zivilisation als ritueller Brauch, der in der Gründungsepoche der feudalen Fürstentümer, mit dem Übergang von der weiblichen Filiation zur männlichen, zur Etablierung des agnatischen Erbrechts gehört. Die Trauer um den Verstorbenen wurde als Prüfung betrachtet, von deren Bestehen die Befähigung zur Nachfolge abhing. Die hohe Bedeutung, welche die Ehrfurcht vor den Ahnen einnahm, und die Notwendigkeit, sich selbst rituell in die Reihe der Ahnen einzugliedern und damit seine Rechte zu sichern, führte zur sozialen Verpflichtung, Teile des Verstorbenen zu verzehren:

> Die alten Chinesen pflegten die Aufgabe, vom Kadaver zu essen, jenem aufzuerlegen, der in der Absicht, die Nachfolge anzutreten, die Tugenden des Toten zu erwerben beanspruchte. (Granet 1929, S. 79)

In diesem Verständnis wird der endokannibalische Akt zum Ausdruck der Übernahme der Macht des Verstorbenen, zugleich aber zu einer Pflicht der familiären Pietät, welche die Verehrung der Ahnen sichert und die Wesensintegrität der Familie wahrt. Wichtig scheint mir, daß von diesen Riten in einer Zeit großer gesellschaftlicher Umbrüche berichtet wird, in der von den 140 Fürstentümern aus der »Frühlings- und Herbstperiode« (770-476 v. Chr.) nur noch sieben wichtige Herrschaftsbereiche in der Periode der »Streitenden Reiche« (475-221 v. Chr.) übrigbleiben. Granet weist darauf hin, daß sich Angaben über diese kannibalischen Prüfungsriten in den Gründungsberichten zweier wichtiger Dynastien finden:

> Sie lassen diese kannibalische Prüfung als eine Art Vorbereitungsritus zur Inthronisation erscheinen. Wenn der Herrscher, von Angesicht zu Angesicht mit seinem Rivalen, getrunken hat, wissen alle, daß er dank dieser triumphalen Einverleibung die zweifache Wirkkraft des Himmels und der Erde, die einst zwischen Fürst und Minister, zwischen Vater und Sohn geteilt war, in Besitz genommen hat. (Granet 1929, S. 80)

Nur die kannibalische Introjektion scheint auf diese Weise die innere Verbindung mit der gesamten Reihe der Ahnen und ihrer imaginierten Kraft sicherzustellen.

In unterschiedlichen Kulturen bestehen verschiedene Möglichkeiten der Sublimierung des Wunsches, den Körper der Verstorbenen zu essen. Der Körper kann ersetzt werden durch ein Tier; man kann die Asche des Toten mit Wasser vermischt trinken; man kann auch die Knochen des Toten aufbewahren und bei sich tragen. Letztlich finden wir selbst in den Bestattungsriten des modernen Europa die unterschiedlichsten Sublimierungen kannibalischer Akte, z.B. in den regionalen Variationen des Leichenschmauses. Dabei werden bestimmte Speisen oder Getränke in magischer Form mit dem toten Körper identifiziert und von den Trauergästen verspeist. Der unbewußte Wunsch, den Körper des Verstorbenen zu essen, wird auf diese sublimierte Weise befriedigt.

Schließlich finden wir beim »zärtlichen Kannibalismus« auch Formen der Verkehrung ins Gegenteil: Bei bestimmten Begräbnisriten opfert man nämlich Teile des eigenen Körpers oder das eigene Blut. Auch diese Rituale werden zum Teil in sublimierter Form vollzogen: Dazu gehören etwa Bräuche wie das Streuen von Asche auf das eigene Haupt oder das Tragen schwarzer Kleidung. Alle diese Akte dienen der Aufrechterhaltung einer magischen Kommunikation mit dem Toten und stehen in direkter Verbindung mit ihren psychologischen und kulturellen Vorläufern, nämlich den Akten des zärtlichen Kannibalismus, in denen der Körper des Toten verspeist wird.

In der Gegenwart der eigenen Kultur stoßen wir nur selten auf praktizierten Kannibalismus. Neben vereinzelten Fällen von Kannibalismus bei psychotischen Zuständen kennen wir Hungerkannibalismus, in denen während Kriegs- und Notzeiten wie im Fall der in den Anden abgestürzten argentinischen Sportmannschaft das Essen menschlichen Fleisches nur dem Überleben dient. Allerdings zeigt letzteres Beispiel, daß auch in dieser extremen Notsituation die beteiligten Menschen deutlich das Tabu empfanden den Verzehr des Fleisches ihrer umgekommenen Kameraden wie eine christliche Eucharistiefeier organisierten und nach ihrer Rettung von der katholischen Kirche eine offiziöse Rechtfertigung ihres Handelns erwirkten.

Daß das Tabu der Bewältigung unbewußter kannibalischer Regungen dient, zeigt die psychoanalytische Praxis, in der die unbewußten und verdrängten Impulse bloßgelegt werden. Neben das Beispiel aus einer Gruppenanalyse am Beginn dieses Aufsatzes ließen sich zwanglos ähnliche Proben aus der klinischen Praxis jedes Psychoanalytikers stellen, wenn er denn bereit ist, mit seiner Interpretation auch in den kulturell tabuisierten Raum vorzudringen. Dieser unbewußte Kannibalismus im einzelnen Subjekt findet sein Pendant in kulturellen Formen des symbolischen und imaginären Kannibalismus. Z.B. beschäftigen sich zentrale Metaphern der christlichen Religion mit der Gottes-Opferung und dem Gott-Essen: Ein wesentliches Symbol der christlichen Religion ist der Vorgang, daß ein Gott getötet und geopfert wird. Die visuelle Betonung in dieser Szene liegt in den Nägeln, die in Hände und Füße getrieben sind, in der Dornenkrone und in dem Blut aus den Wunden. Das rituelle Mysterium der christlichen Religion drückt sich sodann in einem Akt des symbolischen Kannibalismus aus: Das Fleisch Gottes wird gegessen, sein Blut wird getrunken, nicht wirklich, aber symbolisch. Diese symbolischen kannibalischen Akte erwachsen aus dem Wunsch, Gefühle der Zärtlichkeit und Nähe auszudrücken und sich daran zu erfreuen.

Die Institution des Opfers läßt sich allerdings schon in sehr einfachen Gesellschaften finden. Dabei bleiben Nutzen und Vorzüge, die dem Opfer zugeschrieben werden, im Lauf der Zeit relativ konstant. Opfer wurden immer dann eingesetzt, wenn es darum ging, Fruchtbarkeit zu mehren, Unheil abzuwenden, Krankheit zu heilen und für das Heil des Toten außerhalb der diesseitigen Welt zu sorgen. Man kann annehmen, daß das institutionalisierte Opfer seinen Ursprung im Kannibalismus hat, so daß das Opfer eine sublimierte Form kannibalischen Verhaltens ist. In kannibalischen Kulturen finden wir also Opfer, bei denen ein menschliches Wesen geopfert, dessen Fleisch sodann gegessen wird. Der nächste Entwicklungsschritt in der menschlichen Geschichte ist es, das Essen des menschlichen Fleisches aufzugeben, aber den Ritus des Menschenopfers noch beizubehalten. In der christlichen Religion ist dieser Ritus schon mit der nicht vollzogenen Opferung Isaacs durch seinen Vater Abraham aufgehoben, nach dem Verzicht Gottes auf das menschliche Opfer durch ein Tier ersetzt. In der Einsetzung des Abendmahls aber kehrt der kannibalische Charakter des Opfers in symbolischer Form wieder. Im Johannes-Evangelium ist die Einladung zur Eucharistie in folgende Worte gekleidet:

> Wenn ihr das Fleisch des Menschensohnes nicht eßt und sein Blut nicht trinkt, habt ihr nicht Leben in euch. Wer mein Fleisch ißt und mein Blut trinkt, hat ewiges Leben, und ich werde ihn auferwecken am Jüngsten Tage. Denn mein Fleisch ist eine wahre Speise, und mein Blut ist ein wahrer Trank. Wer mein Fleisch ißt und mein Blut trinkt, bleibt in mir und ich in ihm. (Johannes 6, 53-56)

Green (1972) hat darauf aufmerksam gemacht, daß dieser Text drei wesentliche Elemente umschreibt, die mit der Einsetzung der Eucharistie verknüpft sind: 1. Die Verpflichtung zur Inkorporation, die bei Nichtbefolgung die Strafe der Vergänglichkeit nach sich zieht; 2. das Versprechen der Unsterblichkeit, das implizit mit einer Empfängnis (neues Leben) verknüpft ist; 3. das Schweigen über die Zerstörung des inkorporierten Produkts. Das Fortbestehen des kannibalischen Opfers in symbolischer Form ist allerdings in der christlichen Eucharistie dadurch gebrochen, daß es um eine Selbstopferung geht, die eine wesentliche Verschiebung im Gleichgewicht zwischen Aggression und Schuld nach sich zieht.

Imaginären Kannibalismus finden wir in zahlreichen Werken der Literatur, der Malerei, des Films und der Science-fiction, ebenso unerschöpflich in Märchen und Mythen; alle diese Beispiele weisen darauf hin, wie heftig kannibalische Impulse und Ängste im Unbewußten am Wirken sein müssen. Hinter diesen sichtbaren Ebenen des scheinbar offenen kulturellen Diskurses existieren allerdings maskierte Formen des realen Kannibalismus, in denen Einverleibungswünsche in gesellschaftlich angepaßter Form ausagiert werden können. Dabei liegen die Faszination am Kannibalismus und seine Maskierung oft eng beisammen.

Ich möchte dies an zwei Beispielen belegen, die jeweils den Umgang mit menschlichen Föten in zwei verschiedenen »modernen« Gesellschaften zum Gegenstand haben. Die Überschrift eines Artikels im Stern 27/95 lautete:

> Föten für die Suppenschüssel, Todeszimmer für ungewollte Mädchen und Zwangsabtreibungen – Chinas rigorose Bevölkerungspolitik führt zu grausamen Exzessen.

Der Artikel behandelt die Möglichkeit, in der Volksrepublik China abgetriebene menschliche Embryos oder Föten als Nahrungs- oder Heilmittel zuzubereiten. Als Grund, Föten und Embryos zu verspeisen, wird angegeben: Sie hätten heilende Kräfte; sie hätten einen hohen Nährwert im Sinne des chinesischen Verständnisses von Stärkung der leibseelischen Existenz; sie machten die Haut geschmeidiger; sie würden doch nur weggeworfen, wenn man sie nicht aufesse. Sicher ein Fall von Kannibalismus, denn natürlich lassen sich diese Argumente auch für das Aufessen von Kindern und Erwachsenen behaupten.

Im Deutschen Ärzteblatt 27/95 erschien ein Artikel mit der Überschrift »Föten können nicht widersprechen«, der sich mit dem Entwurf des Transplantationsgesetzes beschäftigt, das die Übertragung fötalen Gewebes von abgetriebenen Embryonen regeln soll. Dabei geht es z.B. darum, lebende Hirnsubstanz von Embryonen in das Hirn von Parkinson-Patienten einzuspeisen oder fötale Organe als Spendematerial für Patienten zu nutzen:

> Die Frischzellen der Substantia nigra im Mittelhirn unserer Föten sind zur begehrten Delikatesse geworden.

Hier wird deutlich, wie sehr ein bestimmtes medizinisches Denken mit kannibalischen Wünschen operiert, mittels der Aneignung von Organen oder Gewebe eines anderen Menschen einen Weg der Lebensverlängerung zu erschaffen. Zwar entfällt das Kauen und Verdauen; zwar sind die noch nicht geborenen und gerade sterbenden Menschen Ziel eines Denkens, das auf Organentnahme und Einverleibung gerichtet ist, aber offenbar läßt sich wissenschaftlich bisher nur von diesen Randbereichen her, von den Übergangszonen des Werdens und Vergehens, ein solcher Angriff rechtfertigen. In der ethischen Debatte um Organtransplantation scheinen ohne große Verhüllung Tötungs- und Einverleibungsimpulse durch:

> Nach unserer Auffassung erscheint es ganz natürlich, zu sagen, daß die Organe lebendiger Personen lebenswichtige Gesundheitsressourcen sind, die wie alle anderen lebenswichtigen Ressourcen gerecht verteilt werden müssen. Wir könnten uns daher gezwungen sehen, darauf zu bestehen, daß alte Menschen getötet werden, damit ihre Organe an jüngere, kritisch kranke Personen, umverteilt werden können, die ohne diese Organe bald sterben müßten. Schließlich benutzen die alten Menschen lebenswichtige Ressourcen auf Kosten von bedürftigen jüngeren Menschen. (Kappel u. Sandoe 1994, S. 91)

Wie in den Versionen der chinesischen Begründungen für das Essen von Embryos und Föten weisen die in medizinischen Fachzeitschriften gewählten Ausdrücke auf den Wunsch nach Lebensverlängerung und Überwindung des Todes durch Inkorporation menschlicher Organe hin: »Unsterblichkeit auf Erden«, »Jungbrunnen im eigenen Haupte«, »Brautfest der Hirnsubstanzen« sind dabei verklärende, euphemistische Umschreibungen, mittels derer über die Körper und Körpersubstanzen anderer Menschen verfügt wird. Medizinische Realität ist schon, daß Frauen »Material« ihres eigenen Fötus übertragen wird, daß Embryo-Kopien als immunologisch passende »Reservoirs« für Transplantationszwecke aufbewahrt werden, daß menschliche Fötalzellen zur Behandlung männlicher Unfruchtbarkeit oder Impotenz injiziert werden (Beispiele aus Schneider 1995).

Attali hat in seinem 1979 erschienenen Werk »L'ordre cannibal« (Attali 1981) diese Entwicklung vorausgesehen, in welcher der menschliche Körper zur Ware wird, die einerseits ausgeschlachtet werden kann, andererseits mit Prothesen am Leben erhalten wird; er hat in seiner radikalen Kritik daran festgehalten, daß die kannibalische Ordnung, überkommen von den Anfängen der Menschheit her, immer noch existiert, auch wenn sie mehr und mehr maskiert worden ist. Nur die ständige Auseinandersetzung mit der Triebnatur des Menschen, dem »animalischen Naturzustand« in Freuds Worten, kann dazu beitragen, diese Maskierungen wieder aufzubrechen, mögen sie sich hinter Projektionen auf andere Ethnien, hinter einer Verleugnung der Realität kannibalischer Praktiken oder hinter einem medizinischen Diskurs verbergen. Dazu kann der ethnopsychoanalytische Blick beitragen, kehrt er doch methodisch immer wieder zurück zu den eigenen Ängsten und Triebimpulsen und damit auch zu einer Kritik der eigenen Kultur und ihrer Destruktivität.

Hexenforschung in Psychoanalyse und Geschichtswissenschaft

Aus aktuellen Begegnungen zwischen Psychoanalytikern und Historikern resultiert für erstere oft eine verwirrende Erfahrung: Mehr und mehr hat sich auch unter Historikern ein Interesse an der Rezeptionsgeschichte eines bestimmten Themas vor die eigentliche Untersuchung dieses Gegenstandes mit historischen Methoden geschoben. So kann es vorkommen, daß in einer Diskussion mit Historikern und Ethnologen sich die Frage nach der möglichen Realität eines kannibalischen Fressens in der Menschheitsgeschichte verflüchtigt zugunsten eines nur noch wissenschaftsgeschichtlichen Interesses an der Thematisierung kannibalischer Praktiken in der europäischen Geschichtsschreibung und Ethnologie. Nicht mehr realer Kannibalismus und seine Einbindung in soziale Tabus sind dann Gegenstand der aktuellen Forschung, sondern die Frage, wann und warum z.B. die europäischen Eroberer der Neuen Welt das Thema »Kannibalismus« in den damaligen öffentlichen Diskurs einführten. Dabei bemühen sich Historiker und Ethnologen, Phänomene zu verstehen, die sie mit ihren eigenen angestammten Methoden oft nicht mehr fassen können; die Deutungswissenschaft »Psychoanalyse« soll dann weiterhelfen. Es stellt sich aber die Frage, was mit den psychoanalytischen Termini passiert, wenn sie aus ihrem klinischen Zusammenhang herausgelöst werden, und ob es nicht spezifische methodische Probleme aufwirft, wenn Historiker psychoanalytische Konzepte an ihre Fragestellungen herantragen.

Die Problemstellung läßt sich anhand des Bereiches der Hexenforschung besonders gut untersuchen, liegen hier doch schon seit längerer Zeit historische wie psychoanalytische Forschungsansätze vor, die allerdings bisher relativ isoliert voneinander geblieben sind. Wenn ich im Folgenden versuche, Psychoanalyse und Geschichtswissenschaft am Beispiel der Hexenforschung miteinander ins Gespräch zu bringen, so unternehme ich dies nicht mit einem

Anspruch auf Vollständigkeit in Bezug auf die Darstellung der unterschiedlichen psychoanalytischen wie historischen Ansätze zu diesem Thema. Mir geht es vielmehr darum, als historischer »Laie« einige Ansätze aufzugreifen, die mir besonders geeignet scheinen, zu einer wechselseitigen Bereicherung beizutragen.

Hexenverfolgung in der frühen Neuzeit

Mir scheint die Hexenforschung für dieses Ziel ein gut geeignetes Arbeitsgebiet zu sein, weil die organisierte Hexenjagd nicht ein Phänomen des Mittelalters war, sondern der frühen Neuzeit zuzuordnen und damit ein Bestandteil unseres eigenen Zeitalters ist. Hexenverfolgung und Hexenprozesse begannen in massenhafter Form im 15. Jahrhundert, erreichten ihren Höhepunkt zwischen 1560 und 1630, mit besonders intensiver Verfolgung in den 80er Jahren des 16. Jahrhunderts und in den fünf Jahren zwischen 1626 und 1630 (vgl. Behringer 1988, S. 35). Sie endeten etwa um 1680, mit einem besonderen Nachspiel 1692 in Salem, Massachusetts. Osteuropa, die Welt der orthodoxen Christenheit, blieb dabei ausgespart. In Westeuropa gab es keinen gravierenden Unterschied zwischen römisch-katholischen und protestantischen Ländern. Andererseits waren auch nicht alle Gegenden Westeuropas in gleicher Weise involviert; vielmehr berührte die Hexenverfolgung nur bestimmte Gegenden für bestimmte Zeiten. Vieles hing von der Haltung der staatlichen und kirchlichen Autoritäten ab, ob sie sich zur Verfolgung entschlossen oder diese eher unterdrückten. Genaue Angaben über die Zahl der Opfer lassen sich nur schwer machen. Dazu ist die Datenlage zu wenig ergiebig, aber Schätzungen sprechen von 100 000 zwischen 1480 und 1780 in Europa verbrannter Hexen (vgl. Behringer 1987). Für die Schweizer Kantone liegt für den Zeitraum von 1400 bis 1700 eine Zahl von 8888 angeklagten und 5417 getöteten Menschen vor, obwohl anzunehmen ist, daß die wirkliche Zahl der Getöteten deutlich höher war (vgl. Cohn 1975). Midelfort (1972) hat in seiner Studie über Südwest-Deutschland von 1561 bis 1670 eine Zahl von 3229 getöteten Personen ermittelt. Es gibt Belege für einzelne Städte, in denen bis zu 7 % der Bevölkerung als Hexen verbrannt wurden. Massive Hexenverfolgung trat allerdings nur dort auf, wo das Konzept der Hexerei den Hexensabbat einschloß und wo die juristischen Prozeduren auch mit Folter einhergingen (beides trifft z.B. nicht für England zu).

Psychoanalyse des Hexenwahns

Versuche zu einer »Psychoanalyse des Hexenwahns« haben zuletzt Heinemann (1998) und Erdheim (1987) vorgelegt. Bei Heinemann steht die Frage im Vordergrund, wie eine Angst vor Hexen in einer bestimmten Epoche entstehen, kulturell durchgeformt und in Hexenbeschuldigungen eingebunden werden konnte. Sie räumt zwar ein politisches Interesse von Staat und Kirche an der Hexenverfolgung ein, stellt aber die Billigung und Beteiligung der Bevölkerung aufgrund unbewußter Spaltungsvorgänge und projektiver Identifikationen in den Mittelpunkt ihres Verstehensansatzes. Dabei findet sie in der jetzigen 2. Auflage ihres Buches in der zwischenzeitlich erschienenen Arbeit der Historikerin Labouvie (1991, S. 157) eine starke Stütze, die zumindest für die Region Saarland, Lothringen, Kurtrier und Pfalz-Zweibrücken eine aktive Beteiligung der ländlichen Bevölkerung an der Hexenverfolgung nachweist. Im Rahmen eines alltagskulturellen Deutungsmusters, das an das traditionelle, magisch geprägte Weltbild der Landbevölkerung anknüpfte und Elemente der kirchlichen Hexenlehre übernahm, wurden Hexenbeschuldigungen ausgesprochen und die weltlichen wie kirchlichen Autoritäten um Verfolgung gebeten. Dabei bestanden nach diesen Befunden zwischen Zeugen und Angeklagten oft Verwandtschafts-, Bekanntschafts-, Nachbarschafts-, Liebes- oder Dienstleistungsverhältnisse mit den ihnen eigenen Konflikten. Diese Arbeit Labouvies steht für einen erkennbaren Trend in der historischen Hexenforschung der letzten Jahre, die sich insgesamt stark orientiert an regional und alltagsgeschichtlich differenzierenden Untersuchungen, welche die Suche nach einem allgemeinen Deutungsmuster der Hexenverfolgung zurücktreten lassen.

Erdheim stellt den Hexenwahn und die Hexenverfolgung in den Zusammenhang der gesellschaftlichen Legitimierung und Durchsetzung des neuzeitlichen Absolutismus. Danach seien die Hexenprozesse unbewußte Inszenierungen, um die Idee der Souveränität des Staates und der absoluten Macht des Monarchen überzeugend zu machen:

> Um den neuzeitlichen absolutistischen Rechtsanspruch durchzusetzen, mußte das mittelalterliche Legitimationssystem zerschlagen werden. Dieses baute auf regionalen Traditionen auf, und in diesen spielten Frauen eine entscheidende Rolle. (Labouvie 1991, S. 157)

Erdheim argumentiert, daß der Absolutismus mittels eines Rückgriffs auf den Hexenwahn, den er als ideologische Form des feudalen Gesellschaftssystems versteht, die Geschichte – den Durchbruch des Bürgertums zur Macht – aufzuhalten versuchte. In den Phantasmagorien von Teufel und Hexe sieht er eine Wiederkehr der unbewußt gemachten Aggression wie auch der tabuisierten Wahrnehmung der Machtakkumulation des absolutistischen Herrschers.

Historiker würden gegenüber Heinemann, noch stärker gegen Erdheim einwenden, daß deren Argumente für bestimmte regionale Spielarten der Hexenverfolgung zutreffen können, als allgemein zutreffender Erklärungsansatz aber keine Gültigkeit beanspruchen dürfen. Hier wird eine Schwierigkeit psychoanalytischer Deutungsversuche des Hexenwahns deutlich, wenn zu wenig auf die regionale und zeitliche Differenzierung der historischen Quellen Bezug genommen wird. Es fällt dann von seiten der Historiker aus leicht, solche globalen Deutungsversuche zurückzuweisen. Meine Überzeugung ist, daß Psychoanalytiker und Historiker eher von einem Dialog profitieren können, in den jeder seine eigenen Methoden zunächst auf dem Feld zum Einsatz bringt, in dem Verstehen und Interpretation nach den Regeln der eigenen Profession Geltung haben. So wie Adorno (1979) für das Verhältnis von Soziologie und Psychologie festgehalten hat, daß die Trennung der beiden Wissenschaften das real vorfindbare Verhältnis von objektiv-gesellschaftlichen und individuell-seelischen Momenten widerspiegelt, läßt sich meiner Ansicht nach auch der wechselseitige Bezug von Psychoanalyse und Geschichtswissenschaft nicht durch eine einseitige Auflösung des einen Ansatzes in den anderen bewerkstelligen. Ich orientiere mich deshalb an den Vorschlägen von Devereux (1978) zur komplementaristischen Methode und stelle hier zunächst einige klinische Erfahrungen zu Hexenphantasien in Psychoanalysen und Psychotherapien vor, deren Gültigkeit zwar zunächst auf den spezifischen Einzelfall beschränkt bleibt, die aber dennoch Anregung zu einer Auseinandersetzung mit historischen Erklärungsansätzen bieten können.

Klinische Erfahrungen

In der 18. Stunde seiner psychoanalytischen Behandlung berichtet Herr E. stockend über seine Begegnung mit einer Frau am Vorabend, die er erst vor kurzem kennengelernt hatte; als er sie an diesem Abend, ihrem zweiten Treffen, fragte, ob sie mit ihm in seine Wohnung kommen wolle, hatte sie abgelehnt. Nachdem Herr E. bis dahin eher sachlich und ohne Affekte berichtet hatte, schwieg er. Nach einer Weile brach es plötzlich aus ihm heraus: »Wenn Sie wirklich an mir interessiert wären, dann würden Sie mich jetzt nicht warten lassen, dann würden Sie mich fragen, dann würden Sie nachbohren!«

Ich bin überrascht über den Affektausbruch, fühle mich angegriffen aus Gründen, die ich noch nicht kennen kann, kann aber dann eigenen Einfällen zu seinem »Bohren« folgen, die Details seiner Kindheitsgeschichte und der Beziehung zu seiner Frau lebendig werden lassen, und sage ihm folgendes: »Bohren, so wie Sie es von Ihrer Mutter und Ihrer Frau kennen; das verspricht Sicherheit, dann müssen nicht Sie sich vorwagen; so wie Sie sich immer von den Frauen etwas haben vorgeben lassen, soll ich es jetzt auch übernehmen. Haben Sie denn Einfälle, wenn Sie in dieses Wort hineinhören?«

Er denke an die Seifenklistiere, welche die Mutter ihm als Kind regelmäßig verabreichte, aber er wisse nicht, wie, wann und warum sie das getan habe. Bei Verstopfung bekomme er heute noch Rückenschmerzen, aber das, was er mir jetzt sage, all diese Erinnerungen, die blieben jetzt auch wieder ohne Gefühl.

Nach einem längeren Schweigen nimmt er den Faden wieder auf: Er habe sich jetzt überlegt, daß er meinen Hinweis zum Bohren gut hätte annehmen können, wenn er eine Frau wäre. Er stelle sich oft vor, wie es sich wohl für eine Frau anfühle, wenn ein Penis in sie eindringe. Wenn er daran denke, fühle er großen Neid auf die Frauen. Auch wenn er mit einer Frau intim sei, versuche er nachzufühlen, was sie wohl gerade empfinde. Besonders aber beim Onanieren beneide er die Frauen um deren Körper: Da gebe es so viele Möglichkeiten zum zärtlichen Streicheln, während er es nur mechanisch machen könne. Er erlebe es so, daß eigentlich die Frauen die Macht hätten: Sie könnten erregen, aber sich auch verweigern. Sie hätten ihn in der Hand, könnten eigentlich alles mit ihm machen.

Herr E. hatte mich als Psychoanalytiker aufgesucht, nachdem er sich in seiner Familie, am Arbeitsplatz, in seinen Beziehungen zu Kollegen und Freunden in eine extreme Außenseiterposition gebracht hatte: Überall war er isoliert, viele fühlten sich von ihm erschreckt oder abgewiesen, niemand vermochte ihn zu erreichen. Neben Migräne, Kreislauf- und Rückenbeschwerden quälten ihn verzweifelte depressive Gefühlszustände und Selbstmordabsichten. Insgesamt schien er sich in eine ausweglose masochistische Position hineinmanövriert zu haben.

Wenn wir in den »Text« dieses Analysanden hineinschauen und seine Erinnerungen und Vorstellungen zum »analen Bohren, zur erregenden Macht der Mütter/Frauen« auf uns wirken lassen, so entdecken wir, ohne daß der Begriff »Hexe« gefallen wäre, doch ein Phantasma, das eine Angst vieler Männer trifft: Es geht um die meist unbewußte Phantasie, von einer übermächtigen Frau benutzt oder sogar ausgesaugt zu werden, gleichsam einem Einfluß zu erliegen, der an einen historisch den »Hexen« zugeschriebenen Schadenzauber erinnert; und es geht um den reaktiven Neid der Männer auf diese weibliche Macht, der in der Regel allerdings auch wieder unbewußt bleibt. Herrn E.s Einfälle eröffnen einen Blick auf ein inneres Szenario, in dem es um übergriffige, vergewaltigende, sadistische mütterliche Objekte geht, andererseits auch um einen gewaltigen Neid auf einen weiblichen Körper mit phantasierten Eigenschaften, welche diese weibliche Macht begründen und festschreiben.

In der analytischen Behandlung können wir erwarten, daß diese unbewußten Phantasien auf drei Ebenen deutlich und einer genaueren Überprüfung, aber auch Veränderung zugänglich werden: Erstens erhalten wir mehr und mehr Hinweise auf die manifesten wie latenten Ebenen der Kindheitsbeziehungen zu Eltern, Geschwistern und wichtigen anderen; zweitens führt uns der Analysand seine aktuellen Beziehungsgestaltungen vor Augen, die der inneren Verarbeitung des Kindheitserlebens folgen; drittens führen uns die Wechselfälle von Übertragung und Gegenübertragung, für den Analytiker »am eigenen Leibe und an der eigenen Seele erfahrbar«, vor Augen, wie die unbewußten Phantasien Gefühle, Gedanken und Handlungsimpulse im analytischen Miteinander bestimmen.

In der Arbeit mit Herrn E. folgten auf Stunden der Öffnung, wie ich sie am Anfang dargestellt habe, regelmäßige Rückzüge in Gefühlsisolierung und Verachtung für unser gemeinsames Vorhaben. In seinen Versuchen außerhalb, Liebesbeziehungen zu Frauen einzugehen, bot er sich zunächst als liebender und opferbereiter Mann an, durchaus auch mit Leugnung eines sexuellen Begehrens und jeder Rivalität mit anderen Männern, um dann die Frauen auf subtile Weise zu bedrängen und unter Druck zu setzen. Als er hierfür die Bezeichnung »Psychotherapie machen« fand, konnten wir eine Brücke zu seinem inneren Erleben in der Analyse schaffen: Hier erlebte er mich als übermächtigen Gegner, der mit ihm »Psychotherapie machte«, wobei er mein passives Opfer blieb. Weil er mich in meiner Aktivität und Unabhängigkeit von ihm nicht kontrollieren konnte, fühlte er sich von mir gequält, seiner Angst vor meiner phantasierten Macht ausgeliefert und in seinen Liebeswünschen kalt zurückgewiesen. Er griff mich an, daß ich ihn meinen »Folterinstrumenten« aussetze und ihn eigentlich total ablehne. Direkte Deutungen seiner Verleugnungen und Gefühlsisolierung führten zunehmend zu Erinnerungen, die sich auf Enttäuschung und Schmerz an der versagenden Mutter und dem wenig präsenten Vater bezogen. Wenn sein Ärger über die »Mangelversorgung« als Kind wie jetzt in der Analyse nur noch im bedrängenden Charakter seiner »Versorgungsangebote« gegenüber den Frauen zu finden waren, konnten diese als Reaktionsbildungen gedeutet und bearbeitet werden.

Nun fanden sich bei Herrn E. tatsächlich eine Reihe von kindlichen Entbehrungserfahrungen: Die Familien beider Eltern waren als

Vertriebene in die BRD gekommen, und die Eltern taten sich schwer, hier eine Existenz zu begründen. Herr E. als viertes und letztes Kind war unerwünscht zur Welt gekommen, nachdem die Mutter vor den Geschwistern schon jeweils eine Fehlgeburt bzw. Abtreibung gehabt hatte. In seiner Geburtsnacht verstarb die Großmutter mütterlicherseits, worauf die Mutter mit einer schweren und langen Depression antwortete; sie bestätigte Herrn E. später, daß sie ihn als Kind über die nötigsten Handgriffe hinaus nie auf den Arm genommen hatte. Die Mutter bestimmte das Leben zu Hause und herrschte mit Schlägen über die Kinder, während der Vater still und zurückhaltend blieb und nicht ansprechbar war.

Im Laufe der Analyse mußte neben den anfänglich im Vordergrund stehenden masochistischen Zügen auch der Sadismus des Analysanden durchgearbeitet werden. Dann war nicht mehr ich als Analytiker sein Folterer, sondern er träumte von Zerstückelung und Quälen und berichtete mir gefühlsisoliert von seinen Phantasien, mich zu vernichten. Als neues, vorübergehendes Symptom entwickelte er eine Erektionsschwäche und Ejakulationsunfähigkeit. In seinen Assoziationen hierzu stieß er auf einen intensiven Neid auf die verborgenen und deshalb unheimlichen Geschlechtsorgane der Frauen und auf seine Angst vor ihren kastrierenden, beraubenden Eigenschaften: »Wenn ich mit einer Frau schlafe, fühle ich mich wie gemolken; dann gebe ich lieber nichts her, verzichte sogar auf meine mögliche Lust, um nicht auch noch dort ausgeliefert zu sein.« Seine Angst vor der Beherrschung durch Frauen wehrte er dann ab durch Phantasien von sadistischen Angriffen auf deren Unterleib oder Brüste, an denen er sich als Operateur zu schaffen machen wollte, um sie zu quälen oder zu verunstalten. Hier war er dann auch der »Scharfrichter« und »Inquisitor«, der die »hexengleichen«, erregenden Frauen ihrer Möglichkeiten zur Beherrschung durch ihre sexuelle Potenz zu berauben versuchte.

Für die Arbeit an seinen Ohnmachts- und Abhängigkeitsgefühlen wurde letztlich entscheidend, daß Herr E. mich in der Übertragung doch auch zum väterlichen Dritten werden lassen konnte, der ihm Distanz gegenüber den verfolgenden Mutterbildern und seinen eigenen sadistischen Omnipotenzphantasien ermöglichte. Ein wachsendes Verständnis und eine größere Gelassenheit gegenüber seinen aggressiven Phantasien brachten auch seine Fähigkeit zum Orgasmus in der intimen Begegnung wieder. Seine Vorstellungen, den weiblichen Körper zu zerstückeln und zu zerstören, wurden ihm als aggressiver Zugriff auf den vorenthaltenen mütterlichen Leib und als phantasierte Rache für frühe Versagungen deutlich. Hierüber konnte er nun seine unbewußte Phantasie, eine Frau beim Geschlechtsverkehr zu schädigen und zu beschmutzen, und seine Angst, dafür bestraft zu werden, integrieren.

Es ist an dieser Stelle nicht möglich, noch deutlicher an der Entwicklung der Übertragungs-/Gegenübertragungsdynamik das Triebschicksal von Herrn E. nachvollziehbar zu machen. Für unser Verständnis läßt sich festhalten, daß Herr E. sich in der oralen und analen Phase einer Mutter gegenübersah, die restriktiv und kontrollierend auf seine infantilen Bedürfnisse und Wünsche reagierte. Der als passiv und schwach erlebte Vater stand in der frühen Triangulierung nicht ausreichend für die notwendigen Individuierungs- und Trennungsschritte zur Verfügung. Beide Eltern waren zudem mit eigenen Trennungs- und Trauerprozessen nicht zu Ende gekommen, weder in Bezug auf nationalsozialistische Größen- und Destruktionsphantasien noch in Bezug auf den Verlust ihrer Heimat. Die frühe Ich-Entwicklung und -Differenzierung war mangelhaft geblieben; insbesondere oral- und anal-aggressive Triebregungen hatte Herr E. mit starken Gegenbesetzungen versehen. Unbewußt hatte er seine orale Fixierung und seine Vorstellungen von latenter Feindseligkeit zwischen den Geschlechtern zu einem Phantasma verdichtet, in dem die Frauen als erregende, übergriffige, oral-aussaugende und analvergewaltigende »Hexen« erschienen und er sich mit sadistischen »Hexenfolterungen« davor zu schützen versuchte. Für die Ausformungen seines Phantasmas benutzte er dabei sowohl die in oraler Überlieferung tradierten Konnotationen des Begriffs »Hexe«, wie sie in Erzählungen der Erwachsenen und in Spielen der Kinder auftauchen, aber auch die in Märchen und Mythen fixierten Vorstellungen, wie z.B. die kannibalischen Eigenschaften der Hexe in dem Märchen von »Hänsel und Gretel«.

Ähnliche, wenn auch individuell unterschiedliche Phantasien, tauchen in vielen Analysen auf, wobei einmal mehr die verfolgenden Aspekte der Hexenfigur, ein anderes Mal die attraktiv-erregenden oder phallisch-potenten Imagines betont werden. Letztere laden bei Frauen durchaus auch zur Identifizierung ein, wenn damit eigene weibliche Kastrations- und Abhängigkeitsängste in Schach gehalten werden sollen. Da dem Unbewußten das Realitätsprinzip fremd ist, schert es sich weder um historische Genauigkeit noch um korrekte Überlieferung von Mythen; es greift sich die Aspekte und Traditionen heraus, welche zur individuell-spezifischen Triebstruktur passen, und betont so Aktivität oder Passivität, Sadismus oder Masochismus, introjektive oder projektive Prozesse in einem komplexen Szenario. Bei der Ausbildung des Hexen-Phantasmas von Herrn E. handelt es sich z.B. um abgespaltene Aspekte seines eigenen Erlebens von ohnmächtiger Wut und oralem Neid, die er in sein Bild der »Hexen-Frauen« projiziert hat und die ihm dort, nun »unheimlich« geworden, entgegentreten.

Ein anderer Analysand, Herr R., kam auf seine Hexenbilder in einer Stunde zu sprechen, an deren Beginn er, noch vor der Tür wartend, phantasiert hatte, ich würde ihn wegschicken müssen und das würde ihn treffen wie etwas »Verrücktes«, das von mir ausginge; wie in Hitchcocks Film »Psycho«, in dem ein »Wahnsinniger« unvorbereitet seinen Besucher ersteche. Als ich diesen Einfall mit lebensgeschichtlichem Material aus der vorhergehenden Stunde verknüpft hatte, in der er über seine Beschneidung im Alter von sechs Monaten und eine schmerzhafte Blasenspiegelung im Alter von fünf Jahren gesprochen hatte, kam ihm das Wort »Mutter-Hexe« in den Sinn und er entwickelte Szenen, in denen ihn eine Hexe auf ein Bügelbrett fesselt, ihn durch Kitzeln an den Füßen unerträglicher Erregung und Angst aussetzt und ihn schließlich in einen Backofen schiebt. Im weiteren Material tauchte seine kindliche Sexualforschung auf, die mit großen Schuldgefühlen verknüpft war und zu der er sich vorstellte, die Mutter sage zu ihm: »Du sollst an Deiner Erregung verrecken!«

Während in diesen beiden Beispielen die hexenhaft-unheimlichen Anteile projektiv den Objekten zugeschoben werden, ist beim folgenden Beispiel – Frau A., einer depressiven Patientin mit bulimischer Symptomatik – die Hexenphantasie an die Selbstvorstellung geknüpft: Sie empfand ihr Inneres als angefüllt mit Gift, in dem sie ihre Objekte nach dem Verschlingen lähmen und auflösen konnte, um sie dann, auf diese Weise entwertet und unschädlich gemacht, auszuspucken. Dadurch hatte sie eine ihr selbst »unheimliche« Macht über alle enttäuschenden und gefährlichen Objekte gewonnen; das Bild der »Hexe« repräsentierte für sie aber nicht nur diese Allmachtsphantasie, sondern zugleich die erwartete Bestrafung durch Folter und Demütigung, die z.B. in quälenden Selbstmordimpulsen symptomatischen Ausdruck fand.

Die Psychoanalyse versucht, das »Unheimliche« in individuellen Hexenphantasien aufzulösen in Richtung von Gefühlen, Gedanken, Phantasien und Handlungsimpulsen, die dem Einzelnen zunächst fremd sind, dann aber wieder vertraut werden sollen. Zwar finden sich bei vielen neurotischen Lösungsversuchen Momente des Unheimlichen, doch fällt mir in der klinischen Arbeit mit Analysanden, bei denen Hexenphantasien deutlicher hervortreten, auf, daß sich bei ihnen auch im Analytiker ein Gefühl des Unheimlichen in besonderer Weise mitteilt. Dies kann ein Gefühl psychischer Ansteckung sein, einer besonders intensiven Gegenübertragungsregung, eines eigenen Fasziniertseins oder eines Schreckens bei der Konfrontation mit den Bildern des Patienten. Bei dieser Gruppe von Analysanden stoßen wir auf das Moment des Schrecks, des Horrors, des Grauens, das für sie mit bestimmten Erinnerungen oder Phantasien verknüpft ist und zu spezifischen inneren Verarbeitungsversuchen oder auch Lösungsmodi geführt hat. Diese Lösungsversuche zeigen sich zum Beispiel in Aberglauben, in magischem Denken, in zwanghaften Wiederholungen, in phobischen Vermeidungen. Genetisch gesehen findet sich in der Regel eine traumatisierende Situation, auch eine erinnerte Phantasie oder eine phantasierte Erinnerung eines Schreckens, oft aus der Zeit, bevor das Kind in der Lage war, sein Erleben sprachlich zu fassen. In der weiteren Verarbeitung wird das Erleben umgeformt, oft mystifiziert, entstellt oder verleugnet, mit dem Ziel, eine vorläufige Möglichkeit der Beherrschung des Schreckens, der mit dem ursprünglichen Trauma verknüpft war, zu finden.

Annäherungen mit der komplementaristischen Methode

Herr E. hatte in seiner Analyse das »Unheimliche« an den Frauen und ihrer Geschlechtlichkeit, das er in sein persönliches »Hexenphantasma« eingebunden hatte, als Projektion des eigenen »Heimlichen« (Freud 1919), seiner aus Not erwachsenen Gier und seines immensen Neides, zu verstehen gelernt. Dabei hat er sich kulturell überlieferter Vorstellungen bedient, die sich in seinen individuellen Hexenbildern als Züge einer übergreifenden Bearbeitung erkennen lassen. Sein individueller Entwurf reflektiert sowohl spezifisch europäische wie spezifisch neuzeitliche Aspekte von an das Geschlechterverhältnis gebundenen archaischen Ängsten. Der ungarische Ethnopsychoanalytiker Devereux hat das Konzept entwickelt, nach dem wir zwischen einem ethnischen und einem idiosynkratischen Unbewußten unterscheiden können (Devereux 1978). Das ethnische Unbewußte ist von kulturtypischen Verdrängungsprozessen bestimmt, die von den für eine bestimmte Ethnie typischen Traumata ihren Ausgang nehmen und jeden Angehörigen dieser Kultur betreffen. Das idiosynkratische Unbewußte dagegen läßt sich nur aus dem individuellen Schicksal des Einzelnen in seiner gegebenen Kultur verstehen. Beide Formen des Unbewußten verhalten sich komplementär zueinander; ebenso wie soziologische und psychoanalytisch-individuelle Erkenntnisse lassen sie sich nicht gegeneinander austauschen oder aufeinander reduzieren. Das jeweilige Erkenntnisinteresse des Beobachters entscheidet darüber, welche Ebene sichtbar gemacht werden kann. Allerdings ergänzen sich dann die mit unterschiedlichen Zugangswegen gewonnenen Erkenntnisse und bilden eine »komplementaristische Einheit«. So hat Devereux für die mit den Mitteln der Psychoanalyse einerseits, durch ethnologische (und ich ergänze: soziologische, religionswissenschaftliche, historische) Forschung andererseits gewonnenen Ergebnisse festgehalten:

> Wenn alle Psychoanalytiker eine vollständige Liste aller im klinischen Bereich feststellbaren Triebe, Wünsche und Phantasien aufstellten, so deckte sich diese Punkt für Punkt mit einer von den Ethnologen zusammengestellten Liste aller bekannten kulturellen Glaubensvorstellungen und Handlungsweisen. (Devereux 1978, S. 78)

Was Devereux hier für Psychoanalyse und Ethnologie auf einer horizontalen Zeitachse vorschlägt, nämlich den Vergleich individueller Verarbeitungen in Phantasie und Symptombildungen und kollektiver Verarbeitungen in von einer Ethnie geteilten Überlieferungen, könnte in gleichem Maße für die Geschichtswissenschaft auf einer vertikalen Zeitachse gelten. Die psychoanalytische Forschung, das mit der psychoanalytischen Methode gewonnene Verständnis einer idiosynkratischen Phantasie, könnte dann die historische wie ethnologische Forschung anregen, ohne der Versuchung zu verfallen, die Unterschiede der jeweiligen Zugangsweisen zu verwischen. Die psychoanalytischen Forschungsergebnisse geben so Möglichkeiten vor, die der Historiker mit seinen spezifischen Methoden an seinem Erkenntnisgegenstand prüfen kann. Umgekehrt kann der Psychoanalytiker in seinem klinischen Verständnis von der historischen oder ethnologischen Auseinandersetzung mit zeit- und kulturtypischen Verdrängungsprozessen profitieren, da diese jeweils Hinweise liefern auf aktuell mögliche idiosynkratische Konfliktbearbeitungsmöglichkeiten im Unbewußten des Einzelnen. Eine solche Vorgehensweise zum Thema »Hexenforschung« haben als Historiker z.B. Cohn, Demos und Roper gewählt.

Die vertikale Untersuchungsebene – die komplementaristische Methode in Beispielen historischer Hexenforschung

Einen klassischen Versuch, den psychoanalytischen Zugang auf historisches Material der Hexenforschung anzuwenden, hat 1975 Norman Cohn in seinem Werk »Europe's Inner Demons« (1975) vorgelegt. Cohn hält es für wichtig, kollektive Phantasien und soziale Mythen als zu erforschendes Material für eine Geschichtswissenschaft zu nehmen, die sich aus der Psychoanalyse Aufklärung über individuelle Phantasien verschafft. In Bezug auf seinen Ansatz unterstreicht er, daß Phantasiebildung das verbindende Element der einzelnen Kapitel seines Buches sei: Phantasien, daß Babys oder kleine Kinder zu Tode gebracht werden, ihr Blut getrunken, ihr Fleisch verzehrt wird; ebenso Phantasmen von Orgien, die mit dem Teufel in Verbindung gebracht werden, und von Geschlechtsverkehr ohne jede Einschränkung. Als Historiker unterstreicht er, daß er bei der sorgfältigen Untersuchung der von ihm vorgelegten, historisch dokumentierten Hexenfälle in jedem Züge habe aufweisen können, die manifest unmöglich, d.h. nicht zu realisieren seien. Gleich ob von einem Beschuldiger oder einem Beschuldigten vorgebracht, müssen sie also einem Phantasma entsprechen.

In Bezug auf die Hexenverfolgung meint Cohn, daß sie nur dort massive Dimensionen angenommen habe, wo die sozialen Autoritäten von der zentralen Phantasie absolut überzeugt gewesen seien und diese so den Status einer herrschenden Ideologie gewinnen konnte. Hier sei die Phantasie eine autonome Kraft geworden. In seinem Buch beschreibt er, wie in einem komplexen Prozeß sozialer Interaktion diese Phantasie ausgearbeitet, standardisiert und in eine weitgehend übereinstimmende Form gebracht wurde. Die Phantasie, nun zur Ideologie der herrschenden Gruppe geworden, repräsentiert seiner Meinung nach eine totale Umkehrung der sonst gültigen sozialen Normen der entsprechenden Zeit: Die Handlungen, die den realen oder imaginären Gruppen zugeschrieben werden, sind im sozialen Alltag absolut verbotene oder tabuisierte Akte.

Der Titel des Buchs – »Europas innere Dämonen« – spielt zum einen darauf an, daß es um die Dämonisierung von Einwohnern Europas selbst ging, also nicht um die Mitglieder fremder Ethnien. Der Titel weist aber auch darauf hin, daß es in diesem Buch um die zwanghaften Ängste und die erschreckenden Wünsche geht, welche die innerpsychische Verfassung der meisten Europäer dieser Zeit kennzeichnete.

Bestimmte Anschuldigungen sind gegen die sogenannten Hexen immer wieder vorgebracht worden, und Cohn hält es für nützlich, ihren Inhalt in einem weiteren Kontext zu untersuchen. Das Thema des kannibalischen Kindsmords z.B. findet sich in den Mythen und Erzählungen ganz Europas. Er erinnert an die griechische Mythologie von Cronos, Zeus und Tantalus sowie an die germanischen Märchen »Schneewittchen« und »Hänsel und Gretel«. Er meint, das diesen

Mythen gemeinsame Thema sei der Machtkampf zwischen den Generationen. In diesen Mythen und Geschichten versuchten die Erwachsenen ihre Macht durch kannibalischen Kindsmord zu erhalten.

Cohn bezieht sich auf psychoanalytische Hypothesen, vor allem der kleinianischen Schule, welche auf kannibalische Impulse von Kindern in den ersten beiden Lebensjahren hinweisen, die sie auf ihre Eltern projizieren; er berücksichtigt aber auch die psychoanalytischen Hypothesen, die mehr die unbewußten kannibalischen Impulse Erwachsener gegenüber ihren Kindern unterstreichen, welche die Kinder selbst durchaus wahrzunehmen imstande seien; hier weist er auch auf unbewußte kannibalische Impulse von Kindern gegenüber ihren jüngeren Geschwistern hin.

Nach Cohn entspricht auch das Thema der sexuellen Orgien, das in den Anklagen gegen häretische Sekten oder gegen Hexen immer wieder vorgebracht wurde, unterdrückten Wünschen oder gefürchteten Versuchungen. Hier bestehe der entscheidende Unterschied zu den Phantasien der heidnischen Völker im römischen Imperium darin, daß im christlichen Europa des Mittelalters und der frühen Neuzeit die phantasierte Orgie zugleich einen Abfall vom rechten Glauben, unter der Führung und der Beteiligung des Satans, darstellte. Dieser Verstoß gegen die kirchliche Ordnung mußte Strafe und Verfolgung nach sich ziehen. Die der Hexenverfolgung zugrundeliegenden kollektiven Phantasien sind nach Cohn eine »Wiederkehr des Verdrängten«, die nicht mit Antiklerikalismus und auch nicht mit intellektuellem Agnostizismus gleichzusetzen sei. Es gehe vielmehr um ein unbewußtes Ressentiment gegen das Christentum als ein System religiöser Moralvorstellungen, die zu starr und streng seien; der unbewußte Haß dagegen finde einen Ausweg in der Beschäftigung mit der Figur des Satans, vor allem in Phantasien über erotische Begegnungen mit ihm. Dies treffe sowohl für die Frauen, die in ihren Phantasien sich dem Teufel hinzugeben glaubten, wie auch für das kollektive und kirchliche Bild des Teufels in der europäischen Gesellschaft dieser Zeit zu. Cohn sieht die vielen Toten also nicht als Ergebnis dörflicher Spannungen, sondern als Opfer einer unbewußten Revolte gegen die christliche Religion, die auf bewußter Ebene zu der damaligen Zeit noch fraglos akzeptiert wurde.

Während Cohn vor allem die Herausbildung der kollektiven Phantasien über Hexen seit dem 2. Jahrhundert n. Chr. untersucht, steht die Zeit der großen Hexenjagden nicht im Mittelpunkt seines Buches. Für diese Zeit der organisierten Hexenverfolgungen hat Demos (1982) die allen Beteiligten gemeinsame innere Präokkupation mit dem Hexenglauben hervorgehoben, die er als Verbindung zwischen Anklägern, Opfern und Mitläufern herausarbeitet. Mit Präokkupation meint er dabei einerseits den alltäglichen, bewußten kommunikativen Austausch über alle mit der Hexerei und ihrer Verfolgung verbundenen Details; er schließt darin aber auch die unbewußten Aspekte ein, die er in gemeinsamen psychischen Dispositionen und Charakterbildungen einer bestimmten Zeit und Region findet. Für das von ihm untersuchte NewEngland des 17. Jahrhunderts hebt er z.B. bestimmte Praktiken der Kinderpflege und die Tradierung puritanischer Normen hervor, die bei den Einwohnern zu einer anhaltenden Verletzlichkeit ihres Selbstgefühls führten, das in die Gefahr einer Bedrohung durch die Gestalt der Hexe eingebunden wurde. Die ihr zugeschriebenen aggressiven und dominierenden Züge versteht er als Projektionen unterdrückter eigener Wünsche und Triebregungen, wie sie v.a. die anale Phase der kindlichen Entwicklung kennzeichnen; gerade in dieser Phase setzten die restriktiven Erziehungspraktiken des damaligen puritanischen NewEngland aber deutliche Schranken, die individuelle Reaktionsbildungen wie kollektive Projektionen förderten.

Demos hat sich auch mit der Stellung und kollektiven Wahrnehmung der Frau in der damaligen Zeit beschäftigt. Er führt das Ende der Hexenverfolgungen auch auf neu entwickelte Ideen vom und Einstellungen gegenüber dem weiblichen Geschlecht zurück; die Frauen wurden im Übergang vom 18. zum 19. Jahrhundert »entzaubert«, und ihre zuvor phantasierte geheime Verbindung mit der Natur wurde ihnen abgesprochen. Vom Bild einer derart »gezähmten« Weiblichkeit konnte aber keine Gefahr mehr ausgehen.

Ähnlich wie Demos und Cohn hat Roper es unternommen, am Beispiel von Hexenverfolgungen in der frühen Neuzeit das Zusammenspiel von gemeinsamen kulturellen Überzeugungen und deren Verdichtung in individuellen Vorstellungen der Angeklagten wie der

Ankläger nachzugehen (Roper 1995). Sie ist der Überzeugung, daß die imaginativen Themen, die in den Verhören zutage traten und in deren Protokollen niedergelegt sind, von den Ängsten der Beschuldiger, aber auch vom Selbstverständnis der Menschen, die sich schließlich selbst für Hexen hielten, künden. In den von ihr untersuchten Fällen der Augsburger Hexenprozesse zwischen 1625 und 1650 stieß sie insbesondere auf eine tiefe Feindschaft zwischen den auf beiden Seiten beteiligten Frauen, die um die Themen Mutterschaft, Entbindung und Kindbett kreisten. In der Regel ging es um Vorwürfe an eine »Kindbettkellerin«, deren Schlüsselmetaphern »Brust, Milch und Ernährung« hießen:

> Die Kindbettkellerin war wie geschaffen für die Rolle der bösen Mutter, denn ihr war zu unterstellen, daß sie ihre weibliche Macht sowohl dazu gebrauchen konnte, dem Kind orale Befriedigung zu verschaffen, als auch dazu, das Gegenteil zu tun, nämlich das Neugeborene auszusaugen, die Mutter und ihre Milch zu vergiften oder, wie wir es in den extremsten Formen der Hexenphantasien finden, das Kind zu töten und es beim Hexensabbat zu zerstückeln und aufzufressen. (Roper 1995, S. 221)

Als Motiv wurde dabei in der Regel Neid auf die leibliche Mutter unterstellt, den die Hexe unter der Folter dann auch eingestehen mußte. Roper zeigt für die Augsburger Hexenprozesse deutlich, wie der damaligen Kultur zugrundeliegende archaische Leitmotive, z.B. Vorstellungen von Kannibalismus, Kindstötung, Geschlechtsverkehr mit dem Teufel, auf komplexe Weise individuell ausgestaltet wurden. Dabei bleibt sie in ihren Schlußfolgerungen vorsichtig, grenzt sie ein auf den von ihr untersuchten Raum und eine bestimmte Epoche und löst so ihre eigene Forderung ein, dem Irrationalen und der Phantasie der beteiligten Subjekte einen Platz in der historischen Forschung zu lassen.

Die horizontale Untersuchungsebene – Hexenphantasien in einer ethnopsychoanalytischen Forschung

In der ethnopsychoanalytischen Forschung habe ich einen ähnlichen Weg wie den hier am Beispiel der Hexenforschung vorgestellten eingeschlagen, als ich eine in Südchina epidemische Massenneurose untersuchte (vgl. Gerlach 1995). Im dortigen kollektiven Glauben an übernatürliche Kräfte und Wesen finden sich weibliche »Fuchsgeister«, die angeblich in gewissen Zeitabständen die Dörfer heimsuchen, um Männern den Penis, Frauen die Brüste zu rauben, woraufhin diese unweigerlich sterben müßten. Zwar gibt es die manifest »Befallenen«, aber im Grunde ist die ganze Gemeinschaft von Angehörigen und Dorfbewohnern mitbetroffen. Die zur Abwendung der phantasierten Gefahr verwendeten Praktiken zeigen das gesamte Spektrum sonst tabuisierter Sexualität, die nun, durch die Überschreitung der üblichen Schamgrenzen, vor aller Augen dargeboten wird. Gleichzeitig teilen alle Dorfbewohner die ängstigenden Vorstellungen von einer tödlichen Gefahr, in der sie schweben. Küssen und Beißen, Kneifen und Schlagen, Masturbation und Fellatio werden, »um die gefährdeten Organe zu retten«, zwischen Freunden, Verwandten und Nachbarn in aller Öffentlichkeit praktiziert und verweisen auf einen verborgenen Aspekt von Lust und Befriedigung in einer gleichsam gemeinsamen Symptombildung. In diesem Sinne ist diese Epidemie eine gemeinsame hysterische Inszenierung, eine psychosoziale Abwehr- und Bewältigungsleistung der gesamten Gruppe, ähnlich wie das Roper für die Hexenprozesse herausgearbeitet hat. In Südchina tauchen in den Bildern der weiblichen Fuchsgeister letztlich verdrängte Wünsche wieder auf, die mit der Vorstellung verknüpft sind, durch das Benutzen des anderen Geschlechts Unsterblichkeit erlangen zu können. In der dem Phänomen zugrundeliegenden daoistischen Lebensphilosophie müssen Männer möglichst häufige sexuelle Kontakte zu möglichst vielen Frauen haben, allerdings ohne Samenerguß, da dieser den Verlust von Lebensenergie nach sich ziehen würde. Letztlich soll der Körper auf diesem Wege und in Verbindung mit meditativen Körperübungen, einen Zustand von Unverletzbarkeit und Unsterblichkeit erlangen, der mit einer äußersten Steigerung übernatürlicher Kräfte verknüpft ist. Ähnlich dem in der westlichen Kultur gängigen Bild der »femme fatale«, der »Hexe« oder der Trennung von »Mutter und Hure« bietet dort die Vorstellung von weiblichen Fuchsgeistern eine Möglichkeit zur Projektion und Symbolisierung der gefürchteten Aspekte einer von allen Zwängen befreiten weiblichen Sexualität.

Die um das Bild der »Fuchsfrauen« zentrierten Massenneurosen in Südchina lassen sich letztlich als kollektive Versinnbildlichungen und zugleich Abwehr von lustvoller Oralität, von Bemächtigungswünschen und -ängsten im Rahmen einer in Südchina spezifisch ausgeprägten Geschlechterspannung verstehen. Die inneren Konflikte um Abhängigkeit, Autonomie und Bewältigung der inzestuösen Regungen werden in einem sozialen Rahmen dargestellt und für alle Mitglieder der Gemeinschaft erlebbar verarbeitet. Durch die gemeinsamen Aktionen der Gruppe werden die bösen »Fuchsfrauen« ins nächste Dorf vertrieben, wodurch der Gruppe der helfende und schützende Aspekt der Mutterrepräsentanz verbleibt. Auch wenn ich bei dieser Betrachtung den kollektiven Aspekt des Geschehens in den Vordergrund rücke, bleibt die Frage nach dem individuellen Entgegenkommen, z.B. für das manifeste Betroffensein, spannend. Hier ist in jedem Einzelfall eine subjektive Analyse erforderlich; als gemeinsame Züge finden sich aber auch für chinesische Verhältnisse besonders intensive und lang dauernde unbewußte Bindungen an die Mutter und vom kulturell üblichen Lösungsmodus verschiedene Ausgänge der ödipalen Konfliktkonstellation, die zu einer Schwächung der männlichen Identitätsfindung führen.

Natürlich können diese Überlegungen Geltung nur für die in dieser Massenneurose auftauchenden Hexenphantasien beanspruchen. Die chinesische Geschichte kennt durchaus Beispiele für andere Spielarten der Herausbildung von Hexenbildern und der in sie projizierten kollektiven Ängste. So erschütterte z.B. 1768 eine »Hexenhysterie« das damalige China und die Herrschaft der Manchus, wobei die allgemeine Angst vor den Hexern darauf gerichtet war, daß diese über das Niederschreiben der Namen oder das Stehlen der Haarzöpfe ihrer Opfer sich deren Seelen aneignen könnten (vgl. Kuhn 1990).

Es wäre sicher einen Versuch wert, über die von mir aufgeführten Beispiele hinaus, Hexenphantasien aus in der westlichen Welt durchgeführten Analysen systematisch daraufhin zu untersuchen, um welche gemeinsamen, aber auch regional unterschiedlichen unbewußten Kerne sie heute kreisen. Mit Hilfe der Psychoanalyse ließen sich hieraus Hypothesen entwickeln, welche die Ergebnisse der heutigen historischen Forschung, die den lokalen Besonderheiten der Hexenverfolgung nachgeht, vervollständigen könnte. Auf diese Weise könnte das Zusammenwirken individueller Hexenphantasien, deren kollektive Verarbeitung und schließlich deren Auswirkung auf die moderne Gesellschaft deutlicher herausgearbeitet werden.

Muttersprache, Vatersprache

Die Psychoanalyse einer französischsprachigen Patientin – Versuch einer Verständigung im interkulturellen Raum

Das ethnische Unbewußte findet seinen Ausdruck auch in den sprachlichen Eigentümlichkeiten einer bestimmten Kultur, in der Art, welche Inhalte wie sprachlich dargestellt werden können und welchen affektiven Modulationen die jeweiligen Inhalte unterliegen. Auch für die Sprache als kulturell tradiertem Symbolsystem gilt, was Mentzos (1976, S. 91) für die unbewußte Zielsetzung kulturspezifischer Institutionen formuliert hat: Es geht darum,

> mit institutionell verankerten Handlungs- und Beziehungsmustern regressive Triebbedürfnisse zu befriedigen, Schutz- bzw. Abwehrverhalten gegen irreale, phantasierte, infantile, insgesamt nicht real begründete Ängste, Depressionen, Scham- und Schuldgefühle zu sichern.

Die Sprache einer bestimmten Gesellschaft mit ihren je klassen-, schicht- und regionalspezifischen Unterschieden stellt also für jedes Individuum dieser Gesellschaft Möglichkeiten bereit, im Gleichklang mit anderen Triebwünsche zu befriedigen oder zu unterdrücken oder auch gleichförmige Abwehrmodalitäten auszubilden.

Je weiter die Ursprungskultur seines Analysanden von der eigenen entfernt ist, um so deutlicher muß sich der Analytiker in seiner praktischen Tätigkeit eine Sicht auf das ethnische wie auf das idiosynkratische Unbewußte seines Analysanden offenhalten. Diese Arbeit wird noch schwieriger, wenn die beiden Herkunftskulturen auch unterschiedliche Sprachräume umfassen. Erst die Wahrnehmung der typischen, durchschnittlichen Sozialisationsbedingungen in der fremden Kultur mit den durch sie bedingten Abwehr- und Sublimierungsprozessen schafft die Möglichkeit, das individuelle Schicksal des Analysanden auf diesem Hintergrund zu sehen. Dabei wird es in der Regel auch möglich, die Verwendung der unterschiedlichen Sprachen wie den Prozeß des Sich-Entfernens aus der Ursprungskultur besser zu verstehen mit den ihnen zugrundeliegenden unbewußten Phantasien, Abwehr- und Sublimierungsleistungen.

Die erste Begegnung

Frau M. ruft mich zu meiner gewohnten telefonischen Sprechzeit an. Sie spricht mit angenehmer, warmer Stimme und teilt mir ihren Wunsch mit, für ein Erstgespräch zu mir kommen zu können und vermittelt mir dabei das Gefühl, daß sie sehr genau weiß, um was es bei einer Psychoanalyse geht.

Ihr Deutsch ist flüssig, verrät aber einen leichten französischen Akzent. Sie nennt mir einen deutschen Namen, und ich frage mich, ob sie mit einem Deutschen verheiratet oder eine sogenannte »Grenzgängerin« ist, die aus dem benachbarten Lothringen jeden Tag zur Arbeit ins Saarland pendelt.

Das Telefonat hinterläßt in mir eine leichte Irritation: Wenn Französisch ihre Muttersprache ist, warum sucht sie nicht einen französischsprachigen Kollegen hier in Saarbrücken oder im 70 Kilometer entfernten Metz auf? Gibt es spezifische Gründe für die Suche nach einer Begegnung mit mir in einer Sprache, die wahrscheinlich nicht ihre Muttersprache ist?

Zum Erstgespräch erscheint eine eher kleine, gepflegt-konservativ gekleidete Frau, mit langen schwarzen Haaren und einer schmalen Goldrandbrille, die ihr ein intellektuelles und strenges Aussehen verleiht. Spontan verbinde ich damit meine Vorstellung von einer französischen Lehrerin, wie ich sie als Kind während Ferienaufenthalten in Frankreich kennengelernt hatte.

Sie eröffnet das Gespräch, daß sie seit Ende letzten Jahres, nach dem Tod ihres Vaters, an immer wiederkehrenden Gefühlen von Beklemmung und Angst leide. Sie könne dann nicht mehr richtig durchatmen, es drücke sie auf der Brust, und im Hals habe sie das Gefühl, als stecke da ein Kloß fest. Dabei faßt sie sich an den Hals, und in mir entsteht ein Bild, als wolle sie eine sie würgende Hand mit all ihrer Kraft wegreißen. Sie fährt fort: Immer wieder versage ihr dann auch die Stimme; sie könne dann gar nicht mehr sprechen, sei stimmlos, und müsse sich für mehrere Tage krank scheiben lassen. Jetzt habe sie Angst, ihrer Arbeit als Sekretärin nicht mehr gewachsen zu sein; in der Begegnung mit ihren Kolleginnen und Kollegen neige sie sowieso dazu, alle Verantwortung mit der Arbeit auf sich zu nehmen.

Ich erinnere mich hierbei an meine spontanen Überlegungen nach dem Telefonat und bin mit dem Gedanken beschäftigt, daß für Frau M. Sprache und Stimme eine besondere Bedeutung haben müssen; der Wechsel von ihrem ursprünglichen sprachlichen Raum in die deutsche Sprache wie auch der Stimmverlust als Symptom scheinen mir eine Überbesetzung anzudeuten, ohne daß ich sie zu diesem Zeitpunkt schon näher verstehen könnte.

Weiterhin erfahre ich, daß Angst, Beklemmung und Erschöpfung jetzt so stark geworden seien, daß sie sich auf die Suche nach einem Analyseplatz gemacht habe. Vor 14 Jahren, nach dem Tod ihrer Mutter, habe sie eine ähnliche Krise durchgemacht. Die Mutter habe eine schwere Gallenoperation nicht überstanden; vor dieser Operation hätte sie die Mutter eigentlich bewahren müssen. Auch um den Vater, der jetzt an einer Herzerkrankung gestorben sei, habe sie sich immer sehr gekümmert; sie verstehe diese ihre Haltung selbst nicht, da sie doch von früher Kindheit an das Gefühl gehabt habe, von den Eltern weggewünscht zu werden. Vom Vater erinnere sie die Worte: »Wenn es die Pille gegeben hätte, wärst du nicht da.« Dennoch habe sie ihn immer gemocht, wohl vor allem, weil er im Vergleich zur Mutter der liebevollere Mensch gewesen sei. Diese habe sie von Beginn an abgelehnt, was sie vor allem an der unterschiedlichen Haltung ihren drei älteren Brüdern gegenüber gespürt habe. Vor allem der Nächstältere habe als Wunsch- und Wunderkind der Familie gegolten, und unter seiner Bevorzugung habe sie sehr gelitten.

Während dieses Berichts bin ich mit Überlegungen beschäftigt, wie heftig dann wohl ihre Wut auf die Eltern wegen der primären Ablehnung sein muß, wie sehr sie reaktive unbewußte Schuldgefühle quälen müssen, wie sehr sie andererseits aber auch um Abstand bemüht sein muß, der sich vielleicht auch in der Wahl einer anderen Sprache und eines anderen Lebensmittelpunktes niedergeschlagen haben mag.

In einer weiteren Stunde erfahre ich, daß die Patientin als Säugling an einer schweren Gastroenteritis erkrankt war und wegen des großen Flüssigkeitsverlustes stationär aufgenommen werden mußte. Seitdem habe die Mutter immer über sie gewacht, ob sie diese Erkrankung wirklich als »normales Kind« überstanden habe, was mit einem ständigen Zweifel der Mutter an den Fähigkeiten der Patientin verknüpft blieb. Hierbei weint Frau M. heftig und spricht von ihrem ständigen Kampf als Kind um die Zuneigung der Mutter. In dieser Stunde klären wir auch, daß ihr bewußter Grund, in Deutschland zu bleiben und hier eine Analyse zu machen, mit der 14jährigen Tochter zusammenhängt, der sie nicht »den Vater nehmen wolle«, der von Frau M. getrennt lebt. Ich verknüpfe diese Erklärung mit ihrem Lebensschicksal, so wie ich es bis dahin verstanden habe, und deute ihr diese Einstellung als eigenes Thema: »Sie möchten bei mir den Vater wiederfinden, ohne ihn sich von der Mutter nehmen zu lassen.« Sie ist sehr berührt und erleichtert zu hören, daß ich sie auf einer unbewußten Ebene verstanden habe, fügt dann aber wie in einer Gegenbewegung die Frage an, ob ich denn auch Französisch verstehe. Sie will in der Analyse Deutsch mit mir sprechen, aber es scheint wichtig zu sein, daß ich zumindest über die Fähigkeit verfüge, zuzuhören und aufzunehmen, was sie mir vielleicht auch einmal in ihrer Muttersprache zu sagen hat.

Das »Reich der Freiheit«

Die Patientin beginnt ihre Analyse mit einer Übertragungseinstellung, in der sie sich mir mit ihren Wünschen nach Entlastung und Befreiung von ihren panikartigen Ängsten, aber auch mit ihren sexuellen Phantasien, anbietet und zugleich Bestrafung durch Schläge, Vorwürfe und Analyseabbruch meinerseits fürchtet. Sie thematisiert von der ersten Stunde an ihre Angst, wenn sie sich hinlegt und sich dann sexuelle Phantasien einstellen: Das dürfe nicht in ihr drin sein, sonst sei sie eine Hure. Damit verbindet sie auch ihren Weggang aus Belgien nach Deutschland: Für sie war Deutschland unter der damaligen sozial-liberalen Koalition ein »Reich der Freiheit«, wo sie das erste Mal intimen Kontakt mit einem Mann haben konnte, auch wenn sie auf solche Begegnungen hin immer mit einem Harnwegsinfekt und Depressionen reagierte. Für ihr Erleben ist dieser Fortgang aus Belgien eng verknüpft mit räumlichen Bewegungen der Großeltern und der Mutter: Die Eltern des Vaters waren gegen 1900 aus dem deutsch-belgischen Grenzgebiet weggezogen nach Brüssel, um nicht »deutsch werden zu müssen«; sie hatten ihre belgische Identität bewahren wollen, obwohl die Großmutter ihren deutschen Dialekt beibehielt und nur gebrochen Französisch sprach. Der Vater war also zweisprachig großgeworden, sprach und liebte außerdem die deutsche Sprache. Seine Familie in Brüssel war wohlhabend und abgesichert. So konnte er sich Zeit für Ausbildung und Vergnügen lassen und hatte erst als über Dreißigjähriger die Mutter geheiratet, die aus einer Bauernfamilie in den Ardennen stammte. Wegen dieser Heirat hatte die Mutter mit ihrer eigenen Mutter gebrochen, denn sie war religiös erzogen worden und hätte sich eigentlich nicht zur liberalen, großstädtischen Familie des Vaters hin orientieren dürfen. Wie als Ausgleich für diesen Trennungsschritt hielt sie ihr Leben lang an den streng katholischen Normen ihrer Kindheit fest und versuchte, auch ihre Kinder in dieser Orientierung zu erziehen.

Sehr schnell werde ich darauf aufmerksam, daß, obwohl wir beide die deutsche Sprache zur Verständigung nutzen, bestimmte Themen, welche Frau M. besonders tief berühren, sich mit der Einführung eines französischen Begriffes ankündigen. In den Assoziationen der Patientin, ihren Erinnerungen, Träumen und ihren sprachlich wie körperlich vermittelten Affekten erweitert sich dann das Bedeutungsfeld, bis klarer wird, warum hier nur der muttersprachliche Begriff die Fülle der Bedeutungen für Frau M. tragen kann. So ist z.B. der »garçon manqué« (der »fehlgeschlagene Junge«, »an Dir ist ein Junge verloren gegangen«) das Schimpfwort, mit dem die Eltern allzu heftige oder ihrer Ansicht nach gewagte Äußerungen und Handlungen ihrer Tochter straften. Im Erleben von Frau M. stand »garçon manqué« für den Wunsch der Eltern nach einem weiteren Sohn statt ihr als Tochter, für einen grundsätzlichen Fehler an ihr, sei er nun auf das Geschlecht oder auf die angenommenen Folgen ihrer frühen Erkrankung bezogen. Dabei war die Patientin offenbar ein besonders lebendiges Kind, liebte tatsächlich bis zur Pubertät eher das Spiel mit den Jungen auf der Straße als die Pflege ihrer Puppen. Gegenüber der kritischen, strengen und »putzsüchtigen« Mutter spielte auch eine Rolle, daß diese an einem Herzklappenfehler mit häufig auftretender Atemnot litt, welche Frau M. schon früh als bedrohliche Antwort auf eigene aggressive und Selbstbehauptungsregungen interpretierte.

Ein ähnlich feststehender Begriff in der Analyse wird die »crise de foie« (wörtlich: »Leberkrise«), welche der Mutter als Rechtfertigung für möglichen Rückzug von der Familie diente, als Syndrom unterschiedlicher Beschwerden aber im französischen Sprachraum insgesamt weit verbreitet ist. Mit dieser Möglichkeit, einen inneren Konflikt in kulturell adäquater Weise auszudrücken, war Frau M. seit ihrer Vorpubertät identifiziert: Sie entwickelte ihre ersten »crises de foie« mit Übelkeit, Erbrechen und Lichtempfindlichkeit mit neun Jahren: Damals hatte sie nach der Rückkehr aus den Sommerferien in einem Geheimfach ihres Nachtschranks ein katholisches Aufklärungstraktat entdeckt, von dem sie annahm, daß die Mutter es dort deponiert hatte. Es war ihr unmöglich, mit Vater oder Mutter darüber zu sprechen; erst jetzt in der Analyse, mit einem Analytiker außerhalb ihres ursprünglichen kulturellen Raums, konnte sie Worte für ihre unterschiedlichen Gefühle in der damaligen Situation finden, die von Faszination und Neugier bis hin zu Ekel und Empörung reichten. Die Anfälle von Übelkeit verstärkten sich, als sie realisieren mußte, daß ihre Brüste zu wachsen begannen; sie wurde depressiv, entwickelte Suizidgedanken und magerte ab, weil sie gegen viele Speisen eine Abneigung entwickelte. Die latente sexuelle Bedeutung des Essens und ihrer Abscheu dagegen wurde ihr erst in der Analyse klar, als sie dieses Symptom auch mit ihrer damaligen Angst, mit ihrem Vater im Zimmer alleine zu bleiben, verknüpfen konnte.

Daß sie nun mit ihrem Analytiker alleine in einem Raum ist und mit ihm eine Verständigung über das für sie in ihrer Muttersprache Repräsentierte sucht, wofür sie zwischen beiden Sprachen hin- und herwechseln muß, rührt in ihr aber wieder an die alte Angst, sich gegen die damit verknüpften Wünsche nicht wehren zu können oder für diese Phantasien bestraft zu werden. Frau M. drückt diesen Konflikt in einer kleinen Szene aus, in der ihre Angst vor der Verwirrung in beiden Sprachen einen grotesk-komischen Ausgang findet: In einem Geschäft sucht sie Cous-cous und fragt einen jungen Mann um Hilfe, den sie für den Verkäufer hält. Er antwortet ihr spontan auf Französisch, weil er sie wohl an ihrem Akzent als französischsprachig erkannt hat und bietet ihr an, ihr einen Laden zu zeigen, wo sie das Gesuchte finden könne. Sie fühlt sich rot werden, wendet sich ab und flieht aus der Situation. Ihre Assoziationen führen sie zu »Kuß-Kuß« und ihrer beschämenden Angst, sie könne einen intimen Wunsch verraten haben.

In die vierte Stunde bringt Frau M. ihren Initialtraum mit:

> Ich bin bei Ihnen zu Hause und liege in Ihrem Bett. Aber Sie sind nicht da. Als ich aufwache, sehe ich Sie in einem anderen Raum angezogen liegen, mit gepackten Koffern drumherum. Ich weiß, Sie werden abfahren. Eine Frau ist da, die zu mir sagt: ›Dr. Gerlach schreibt nur das Gutachten, die Analyse machen Sie bei mir.‹ Sie wacht mit einem Gefühl der Enttäuschung auf.

Ihre Assoziationen zum Traum drehen sich um den Film »Das Schweigen« von Ingmar Bergmann. So wie die Protagonisten im Film auf einer Reise sind, ist sie jetzt auf dem Weg zu einer neuen, unbekannten Erfahrung in der Analyse; zugleich denkt sie an ihren Aufbruch von Brüssel weg nach Deutschland, mit all ihren damaligen Ängsten, aber auch Hoffnungen. Sie kann sich in beide Schwestern hineinversetzen, sowohl in die strenge, moralische, wie in diejenige, die ihrem sexuellen Begehren nachgeht. Und wie im Film der kleine Junge ist jetzt hier in der Analyse ein Beobachter da, der alles registriert. Dann stößt Frau M. auf Schuldgefühle gegenüber einer früheren Therapeutin, die sie jetzt nicht wieder aufgesucht hat, weil sie sich lieber an einen Mann wenden wollte.

Ich verstehe an diesem Traum ihre große Angst, ich könnte sie wieder verlassen, wenn sie mir zu nahe kommt; ihre ödipalen Wünsche gegenüber dem väterlichen Objekt gehen einher mit heftigen Schuldgefühlen der Mutter gegenüber, die sie in die Position einer masochistischen Selbstbestrafung drängen. Wird es uns gelingen, eine gemeinsame Sprache für ihr Unbewußtes zu finden, oder endet alles in einem Schweigen, in einem grundlegenden Mißverstehen ihres Anliegens?

Der phantasierte strafende Blick der Mutter auf die analytische Situation bekommt einen Namen: Die Analyse, »c'est freudien, c'est une cochonerie«, das ist »Schweinkram«. Diese Strenge der internalisierten Mutter gegenüber den Gefühlen der Patientin für mich macht ihr Angst; andererseits fühlt sie sich aber auch der Enttäuschung ausgeliefert, wenn sie die Grenzen des Settings realisiert, z.B. an den als Einbruch erlebten Wochenend- und Ferienunterbrechungen. Oft muß sie weinen wegen ihrer heftigen Gefühle von Verliebtheit und ihrer direkten sexuellen Wünsche mir gegenüber. Diese Situation entspannt sich erst, als ich ihre Versuche, die Beziehung zu sexualisieren, als Abwehr gegen und zugleich kompromißhaften Lösungsversuch für ihre Abhängigkeits-Autonomiekonflikte verstehe. Nun kann sie darüber sprechen, wie sehr sie Trost und Nähe bei mir sucht. Dabei achtet sie weniger auf den Inhalt meiner Mitteilungen als auf den Klang und die Modulation meiner Stimme, die ihr auf geheimnisvolle Weise eine psychische Nahrung zu bieten scheint, die sie als Kind vermissen mußte.

Ihre eigene Stimmlosigkeit stellt sich akut als Symptom in einer Stunde wieder ein, in der sie mir vom erfolgreichen Bestehen einer Prüfung berichtet. Die Stimme kehrt erst wieder, als wir diesen Vorgang mit ihrer Angst vor der Schulreifeprüfung in Verbindung bringen können, der sie sich auf Wunsch der Mutter vor der Einschulung hatte unterziehen müssen. Die Mutter hatte ja immer befürchtet, sie könnte zurückgeblieben, behindert sein wegen der frühen Erkrankung. Aber am Tag darauf fühlt Frau M. sich plötzlich leer, ohne Gedanken im Kopf. Als ich ihren Wunsch deute, wortlos verstanden zu werden erinnert sie, daß sie mich am Vortag, vor ihrer Prüfung, in der Stadt mit meinem kleinen Sohn gesehen hat und voller Neid auf ihn war, der sicher von mir so gut umsorgt werde.

Zwei Sprachen – zwei getrennte innere Welten

Lange Zeit bleiben die französischen Worte selten und bezeichnen in der Regel einen von der Seite der Mutter her sanktionierten, tabuisierten Raum. Es wird deutlich, daß die Patientin mit der französischen

Sprache auch den strafenden, verfolgenden Blick der Mutter verinnerlicht hat, der sich auf alle triebhaften Seiten ihres Lebens beziehen kann. Umgekehrt dient ihr die Muttersprache auch dazu, eigene aggressive Regungen darzustellen und auszudrücken. In der analytischen Situation macht sich dies als kompromißhafter Widerstand bemerkbar, wenn sie auf Französisch losschimpft und zugleich spürt, daß ich ihr dann in meinem Sprachverständnis nicht folgen kann, wenn auch die Heftigkeit ihrer Affekte sich durchaus averbal mitteilt. In der Gegenübertragung löst das Französisch der Patientin ein Gefühl aus, in etwas hineingezogen zu werden, was zu einer geschlossenen, primären Welt der Patientin gehört, in der ich dann aber doch wieder nur Außenstehender bleiben kann. Für mich wird hierin die besonders enge innere Bindung der Patientin an das mütterliche Introjekt deutlich, mit dessen Aggressivität sie identifiziert geblieben ist. Dagegen bleibt die deutsche Sprache und die Verständigung in ihr lange Zeit ein Raum, in dem neue, erweiternde Erfahrungen möglich sind. Es ist der sprachliche Raum des Vaters, der über seine Eltern Zugang dazu hatte und die deutschen Dichter liebte und ihr damit eine Gegenwelt anbot, in die sie sich imaginär wie auch real flüchten konnte. In der Analyse ermöglicht die deutsche Sprache Annäherungen an bisher unerforschte Bereiche: Zu ihrem eigenen Erstaunen muß die Patientin entdecken, daß sie für vieles Sexuelle, z.B. ihre eigenen weiblichen Organe, keine französischen Worte kennt, sondern nur die deutschen Bezeichnungen, die ihr aber auch alle wie »Fremdworte« klingen: »Das ist eine nochmalige Verfremdung, daß ich es in Deutsch aussprechen kann; wenn ich dann Worte in den Mund nehmen muß, für die ich im Französischen keinen Ausdruck habe, und nach deren Bedeutung ich auch im Deutschen nie richtig zu fragen gewagt habe.« Im Schutz der Analyse kann sie erstmals, wenn auch zögernd, sich den Worten und ihrer Bedeutung für sie nähern. Dabei sind die Begriffe in der deutschen Sprache vermengt mit der triebhaften Vorstellung, sofort handelnd umsetzen zu müssen, was sie ausdrückt. Diese Nähe von sprachlicher Vorstellung und Handlungsdruck erzeugt Triebangst, Angst auch vor der Vorstellung, mich erregen und verführen zu können. Die Bezeichnungen in Französisch dagegen sind affektiv mit Strafangst verknüpft und tief verdrängt.

In der Übertragung der Patientin verdichtet sich diese Konstellation an ihrer Überlegung, ob denn auch ich in sie verliebt sei. Damit ist die Gefahr einer »absoluten Katastrophe« verbunden: Ein »Nein« würde ihr totale Ablehnung bedeuten, ein »Ja« wäre Grenzverlust und Verlust von mir als Analytiker, mit dem sie sich gerade erst das Stückchen Raum erarbeitet hat, in dem sie nicht von ihren Triebwünschen oder ihrem Über-Ich überwältigt wäre. Nur ein geduldiges Durcharbeiten ihrer Phantasien und Ängste bezüglich dieser Fragen helfen ihr den Zugang zu dem Zwischenbereich zu bewahren, in dem sie sich mit mehr Ruhe und Gelassenheit aufhalten kann. Wenn dieser innere Raum, in dem sie ihre Phantasien entfalten kann, in ihrem Erleben zu zerbrechen droht, weint oder schweigt sie und klagt über das Wegbleiben aller Gedanken. In der Übertragung drohe ich dann zu einer bösen und zerstörerischen Mutter zu werden, die mit einer unbedachten Äußerung die Patientin vernichten könnte. In der Gegenübertragung fühle ich mich gedrängt, sie zu schonen und vorsichtig mit ihr umzugehen, und oft bleibe ich mit dem Gefühl zurück, sie vor ihrer Tendenz, Schuldzuweisungen durch andere einfach anzunehmen, nicht schützen zu können.

Nach einer Phase intensiver analytischer Arbeit an den mit dem Bild der Mutter verknüpften Schuldgefühlen nähert sich die Patientin wieder Erinnerungen an den Vater, der mit seiner Macht in ihrem Erleben noch über der Mutter stand, zu dem sie sich aber auch immer liebevoll hingezogen fühlte. Besonders beschäftigt sie eine Szene, in der sie ihm als Mädchen so weit ins Meer hinaus nachschwamm, daß sie nur mit Not gerettet werden konnte – seitdem sei sie immer daran gehindert worden, ihm nachzurennen. Hieran knüpft sie heftige Vorwürfe gegenüber den Eltern, verbindet ihre Gefühle aber auch mit der Übertragungssituation angesichts meines bevorstehenden Urlaubs. Ihre schmerzlichen Gefühle, daß ich mich »ohne Rücksicht auf sie« trenne und meine eigenen Wege gehe in dieser Zeit, versteckt sie hinter einer heftigen Affäre mit einem Liebhaber. Als ich ihr deute, daß sie jemanden für sich haben möchte, wenn ich weggehe, und mich eifersüchtig machen möchte, damit ich bleibe, erlebt sie meine Interpretation wie eine Verurteilung: Als sollte sie sich wieder mit Schuldgefühlen plagen, statt daß ich ihr »Genuß ohne Reue« erlaube – denn unbewußt hat sie sich eine Konstellation geschaffen, in der durch die Wahl eines bestimmten Mannes aus ihrem Bekanntenkreis sich tatsächlich die Schuldfrage für sie stellt. In der letzten Stunde vor der Unterbrechung berichtet sie folgenden Traum:

> Wir sind im Zwist miteinander; unser Streit geht um eine Bemerkung von Ihnen über einen Vogel.

Zu meiner Bemerkung über den Vogel fällt ihr das deutsche Wort »vögeln« ein; sie hat sich entschieden, es sich nicht nehmen zu lassen, denn dann könne sie auch mir meinen Urlaub gönnen.

In der Folge führt dieser Traum zu immer neuen Details und zu Assoziationen, die sich um ihre Wünsche nach Nähe zum Vater und ihr idealisiertes Bild von ihm drehen. Dazu gehört auch die Phantasie, daß die Mutter immer Angst gehabt habe, die Tochter könne den Vater erregen. Deshalb habe sie seit der Pubertät ein Zusammensein allein mit dem Vater gemieden; auch ihre anorektische Episode als Jugendliche stellt sie in diesen Zusammenhang. Als ich ihr deute, wie sehr es sie ängstigt, daß sie sich als Frau sieht, die von Geburt an mit all ihrer Lebendigkeit Männer, und somit auch den Vater und mich erregen könne, taucht langsam ein neues Bild von der Mutter in ihren Erinnerungen auf, das von sanfteren Zügen gekennzeichnet ist: Bei gemeinsamen Reisen in die Heimat der Mutter wurde diese weicher und sang gefühlvolle Lieder; Frau M. versteht es in Zusammenhang mit der Annäherung der Mutter an deren eigene Kindheit und an die Großmutter, die mit ihr wegen der Heirat gebrochen hatte und die die Patientin nie kennnenlernte. Über diese Entdeckung kann Frau M. ihren Identifizierungen mit den strengen, aber auch mit den liebevollen Seiten der Mutter in ihrem Verhältnis zur eigenen, jetzt 14jährigen Tochter nachgehen. In einer Stunde, in der sie wieder einmal von mir Strenge erwartet, ähnlich wie von der Mutter, die sie im unaufgeräumten Zimmer beim Lesen ertappen könnte, entdeckt sie plötzlich den Duft von Blumen in meinem Zimmer, der sie an die schönen und liebevoll gebundenen Sträuße der Mutter erinnert.

Das Durcharbeiten ihrer tiefen Identifikation mit der feindseligen Haltung der Mutter erschließt ihr langsam neue Möglichkeiten, sich auch in der Muttersprache zurechtzufinden und für die Inhalte, die sie fühlt und denkt, Verantwortung zu übernehmen. Diese veränderte Haltung kündigt sich z. B. darin an, daß sie nach anderthalb Jahren analytischer Arbeit erstmals einen Traumbericht mit dem französischen Satz einleitet: »J'ai fait un rêve« (»Ich habe einen Traum *gemacht*«), statt ihr bisheriges deutsches »ich habe einen Traum gehabt« zu verwenden. Diese Übernahme der französisch-sprachigen Wendung geschieht zunächst unbewußt, und erst über die Konfrontation mit dieser Veränderung und das Arbeiten an der Bedeutung erschließt sich ihr der Unterschied in der jeweiligen Betonung von aktiver bzw. passiver Erfahrung des Träumens; ihr Sprachwechsel zeigt an, daß sie deutlicher als bisher ihr Unbewußtes anzuerkennen und sich dafür verantwortlich zu erklären bereit ist.

Diese Veränderung, die ja zugleich eine Annäherung an ihr muttersprachliches Erleben signalisiert, macht es ihr auch möglich, eine von mir in Französisch gegebene Intervention anzunehmen, sich davon berühren zu lassen und selbständig damit weiterzuarbeiten. Frau M. war darauf gestoßen, daß sie vor einer erneuten Ferienunterbrechung besonders intensiv ihre Tochter auf mögliche Trennungsreaktionen hin beobachtete. Alle Gedanken an die Trennung von ihrem Analytiker versuchte sie dagegen aktiv zu unterdrücken, ohne sich ihren Gefühlen aber gänzlich entziehen zu können. Als die Vorstellung von der bevorstehenden Trennung mit den entsprechenden Gefühlen deutlicher ins Bewußtsein dringt, formuliert sie eine ihr liebgewordene Gedichtzeile eines französischen Poeten: »Partir, c'est mourir un peu« (»aufbrechen, das bedeutet, ein wenig zu sterben«). Sie assoziiert dazu, wie ungern sie an diesem Tag nochmals gekommen ist, wie sie sich lieber schon gestern verabschiedet hätte, wie unwohl sie sich heute bei mir fühlt; es sei wie auf einem Bahnhof, wo man sich schon verabschiedet habe, aber dann noch gemeinsam auf die verzögerte Abfahrt des Zuges warten müsse. Ich denke dabei, daß Frau M. den Abschied gern vorwegnehmen möchte, ihn lieber aktiv von ihrer Seite aus betrieben hätte, um nicht der Trennung von meiner Seite aus ausgesetzt zu sein. Um ihre Gefühle von Ärger und Wut mir gegenüber hervorzuheben, sage ich: »Dann müßten wir Ihren Satz ergänzen; nicht nur: ›Partir, c'est mourir un peu‹, sondern auch: ›Partir, c'est tuer un peu‹ (›aufbrechen heißt auch, ein wenig zu töten‹).« Spontan ist die Patientin sehr berührt, ohne dem in dieser letzten Stunde vor den Ferien noch genauer nachgehen zu können.

Nach der Wiederaufnahme der Arbeit drei Wochen später spricht Frau M. von ihrem Gefühl, noch nie eine Trennung so intensiv gespürt zu haben. Gerade daß ich ihren Ärger auf mich aushalten und ins Gespräch bringen konnte, habe ihr gezeigt, daß es da jemanden gebe, dem sie wichtig sein müsse. Das habe sie früher nie gekannt. Bei den Eltern habe sie immer das Gefühl gehabt, daß die froh waren, wenn sie weg war. In den langen Sommerferien, von denen sie seit der Pubertät jeweils einen Monat im Ferienlager verbrachte, sei für ihre Kameradinnen Heimweh ein wichtiges Gefühl gewesen, ebenso wie das Warten auf die Briefe der Eltern, während ihr diese Regungen fremd blieben. Dagegen habe sie mich in diesen Urlaub, den sie in Frankreich verbrachte, mitnehmen können wie einen inneren Begleiter. Sie zitiert auf Französisch den Beginn von Saint Exupérys »Der kleine Prinz« und vergleicht damit ihre eigenen Möglichkeiten, die traurigen Zustände des Alleinseins zu überstehen. Frau M. spricht auch über meinen Gebrauch der französischen Sprache in der Situation vor den Ferien, den sie als Entlastung erleben konnte, weil ich sie in ihrer Muttersprache, »der Sprache meiner Mutter«, erreichen konnte, ohne daß sie meine Worte strafend gegen sich selbst richten mußte.

Zu diesem Zeitpunkt ist die Patientin in vielem freier geworden, kann sich spielerischer auf Phantasien und Begegnungen einlassen, ist weniger ihren Schuld- und Schamgefühlen ausgeliefert. An die Stelle ihres Liebhabers, mit dem sie konflikthaft verstrickt war, tritt ein Ingenieur, der fließend Französisch spricht und viel mit Projekten in Frankreich beschäftigt ist. Sie genießt den Umgang mit ihm, kann aber zugleich distanzierter bleiben: Er ist ein idealer Ratgeber, aber sie respektiert, daß er gebunden ist. Für die Patientin ist es ein schmerzhafter Prozeß der Einsicht, daß sie erst jetzt sich in ihrer Muttersprache ungehemmt mit einem Mann unterhalten, sich auf eine Beziehung einlassen darf. Hier enthüllt sich auch ein weiterer Grund für ihren Weggang aus Belgien als Jugendliche: Der erste Junge, in den sie sich hatte verlieben können, hatte sie nach ihrem

Eingeständnis von Verliebtheit zurückgewiesen und in ihr eine unendliche Beschämung hinterlassen, weil sie davon ausging, daß alle von ihren Gefühlen und auch von der Zurückweisung wüßten.

Durcharbeiten und Ansätze einer Integration

Für Frau M. war es entscheidend, daß sie in ihrer Analyse relativ frei von einem sprachlichen Raum in den anderen wechseln konnte. Sicher dienten diese Bewegungen auch als Widerstand, aber wesentlicher waren sie zunächst als Möglichkeit, in einer Sprache zu entdecken und analytisch zu untersuchen, was in der anderen noch nicht faßbar war. So wurde langsam auch eine Identifikation mit der Fähigkeit des Analytikers möglich, in beide Sprache hineinzuhören und in sich auszuhalten und zu integrieren, was die Patientin noch getrennt halten mußte. Oft war es nötig, daß Frau M. die unbewußten Konflikte in beiden Sprachen durcharbeitete, bevor sie sich von ihren inneren Hemmungen, Ich-Einschränkungen und ihrer Angst frei machen konnte. Die lange vorherrschende positive Übertragung, die sich auch in der Bindung an den französischsprachigen Freund niederschlug, erleichterte diesen Prozeß.

Die Annäherung der bisher getrennt gehaltenen Sprachräume bedeutete bei dieser Patientin auch ein allmähliches Akzeptieren der Zusammengehörigkeit der beiden Elternfiguren, die sie aufgrund ihrer intensiven ödipalen Bindung an den Vater nicht als Paar hatte denken und fühlen können. Zu dieser ödipalen Bindung gehörten auch starke Schuldgefühle und Feindseligkeit gegenüber der Mutter, die sie erst in der Analyse überwinden konnte. Dabei blieb die Sprache der Analyse weiterhin Deutsch, aber die Fähigkeit der Patientin, das auf Französisch oder auf Deutsch spontan Ausgesprochene mit Assoziationen zu füllen, Gefühle und Erinnerungen zuzulassen und dabei beide Sprachen miteinander zu vergleichen, wuchs zunehmend.

In ihrer Arbeit »The Babel Of The Unconscious« (1990) haben Amati-Mehler, Argentieri und Canestri darauf hingewiesen, daß zu jedem Individuum – auch dem einsprachigen – eine diskursive Pluralität gehört. Diese verdankt sich nicht nur den zahlreichen Variationsmöglichkeiten innerhalb einer Sprache (z.B. Dialekte, Babysprache, Liebessprache, familiäres Vokabular), sondern auch der sehr unterschiedlichen Bedeutung sowohl der gesprochenen wie der geschriebenen Sprache je nach dem aktuellen emotionalen und kulturellen Hintergrund und den besonderen Umständen, unter denen sie benutzt wird. Die Autoren greifen auf das linguistische Konzept des Polylogismus zurück, unter dem sie den gleichzeitigen Ablauf unterschiedlicher Diskurse im Individuum verstehen; diese Diskurse stehen untereinander in einem inneren Dialog. Im Falle der Mehrsprachigkeit können diese Diskurse mit den unterschiedlichen Sprachen verknüpft sein, und es käme dann darauf an, die Schwierigkeiten der Übersetzung einer Sprache oder eines Diskurses in die andere und den inneren Austausch zwischen ihnen zu verstehen. In diesem Sinne repräsentierte bei meiner Patientin die französische Sprache v.a. die innere Verbindung zur Welt der Mutter, während das Deutsche, gerade weil es die zweite, fremde Sprache war, die ödipalen Gefühle für den Vater transportieren konnte, weil sie der inneren Kritik zunächst entzogen waren. Reichte auch dieser Spaltungsversuch nicht mehr aus, die inneren Konflikte der bewußten Wahrnehmung zu entziehen, mußte Frau M. auf ihre Aphonie als Symptom zurückgreifen, welche das Symbolisierungsverbot und die Symbolisierungsverweigerung besonders deutlich ausdrückte.

In seinem Bericht über die Analyse einer österreichischen Patientin, bei der sowohl Deutsch als auch Englisch Analysesprachen waren, weil sie von beiden Partnern gesprochen und verstanden wurden, hat Greenson (1950) Überlegungen angestellt, die auch für die Analyse meiner Patientin hilfreich waren. Er konnte bei seiner Patientin eine ähnliche ödipale Problematik ausmachen, die zu ihrer Abneigung gehörte, die englische Sprache zu verlassen und zu bestimmten Aspekten auf Deutsch zu assoziieren; für sie war die Muttersprache die prägenitale Sprache und Trägerin bedeutender ungelöster Konflikte geblieben. Greenson meint, daß die neue, zweite Sprache stattdessen ein neues Abwehrsystem gegen das vergangene infantile Leben transportierte und dadurch zur Schaffung einer neuen und deshalb etwas besseren interstrukturellen Beziehung beitrug; neue Werte und neue Ich-Imagines wurden so durch zusätzliche Verdrängungsleistungen ermöglicht. Greenson hielt es bei seiner Patientin für erforderlich, ihre Muttersprache aktiv zu gebrauchen, die auch ihm geläufig war, um so die starke Abwehr zu durchbrechen, welche die alte strukturelle Konstellation von der neueren trennte. Erst so konnten viele Erkenntnisse durchgearbeitet werden, die bis dahin in der Analyse nur der neueren Ich-Identität möglich gewesen waren. Er vertritt die Ansicht, daß Interventionen in der Muttersprache eine schnellere, bündigere Wirkung entfalten.

Ich denke allerdings, daß bei diesem Vorgehen der Respekt vor der in der Sprachwahl sich ausdrückenden notwendigen Abwehr- und Sublimierungsleistung der Patienten entscheidend ist. Erst daraus lassen sich technische Fragen wie z.B. Wahl des Zeitpunkts, zu dem ein Sprachwechsel vorgeschlagen wird, oder Inhalt des in beiden Sprachen zu Erforschenden, entscheiden. Bei Frau M. konnte die starke Abwehr, die im Gebrauch der deutschen Sprache lag und die alte strukturelle Konstellationen von neuen isolieren sollte, auch ohne Wechsel in der Sprache des Analytikers überflüssig gemacht werden, weil die Analyse von Übertragung und Widerstand von selbst die Fähigkeit der Patientin erweiterte, sich in beiden Sprachen zu erforschen und so zu einer wirklichen Integration ihrer Einsichten zu kommen.

Ethnische Identität als Träger negativer Übertragung

Nachdem die ödipale Trennung in einen mütterlichen und einen väterlichen inneren Raum in einem ersten Durchgang bearbeitet ist, treten präödipale Konflikte in der Übertragung in den Vordergrund. Zunächst bietet Frau M. immer neue Bilder an, in denen sie ihre gefürchtete »Verrücktheit«, ihr »Falschsein« zu konkretisieren versucht: Angst vor einer tödlichen Infektion, Angst vor einer Krebserkrankung und vor Herz-Kreislauf-Versagen wechseln sich ab, wobei sie bei mir die Bestätigung zu finden versucht, daß sie sich eigentlich nicht fürchten muß. Meine Übertragungsdeutungen erlebt sie wie »Vivisektion« und Folter und beantwortet sie mit heftiger Wut – die dann aber Angst macht, mich ganz zu verlieren, weil ich mich gekränkt, verletzt oder vernichtet zurückziehen könnte. Schlimmer als das Gequältsein aber wäre das Getrenntsein – Schmerzen, auch durch mich und an mir erlebt, sind ihr noch ein Zeichen von Lebendigkeit. Das neue Dilemma heißt: Wenn sie mich so erlebt wie die Mutter, einschränkend, kontrollierend und abweisend, dann muß sie selbst verrückt sein; sollte ich das aber nur »spielen«, dann wäre ich ein Sadist, der sie mutwillig verletzt, und sie ließe es einfach wieder mit sich geschehen. In dieser Zeit träumt sie:

> Ich bin mit Kollegen in einem Raum. Ich habe für Sie ein großes Referat zum Thema »Faschismus« geschrieben. Darin sind viele Leerstellen, die Sie aber ausgefüllt haben, als Sie es mir zurückgeben. Wir diskutieren über viele Punkte, suchen Quellen und Belege. Mir fällt auf, daß Sie rote Fingernägel haben. Ich frage Sie: ›Qu'est-ce qu'est la veritée historique?‹ (›Was ist die historische Wahrheit?‹) Dann wache ich auf.

Ihre ersten Einfälle drehen sich um gute Freunde in Deutschland, bei denen sie auf die Vergangenheit von deren Vätern bei der Waffen-SS stößt. Kann sie denen noch trauen? In der Stadt sieht sie täglich Jugendliche mit tätowierten Hakenkreuzen auf den Armen. Das widert sie an. Alle diese Einfälle seien so obszön, pervers, das halte sie nicht aus. Ich interveniere: »Und am schlimmsten wäre es, wenn Sie es mit mir in Verbindung bringen müßten!« Daraufhin bricht es aus ihr heraus: »Zuerst dachte ich an Schwule bei den roten Fingernägeln; aber ihr Deutschen habt doch alle Blut an den Händen. Auch Sie, auch wenn Sie so jung sind, daß Sie nicht selbst als Täter in Frage kommen. Dann war es Ihr Vater oder Ihr Onkel!«

Mit dieser Sequenz wird für eine längere Zeit die ethnische Zugehörigkeit der Patientin als Belgierin zu einem Instrument für ihre Versuche, mich unter Druck zu setzen, mich projektiv zum Feind werden zu lassen und damit eine unüberwindliche Barriere zwischen sich und mich zu setzen. Diese Bewegung wird besonders heftig, nachdem in einer Nacht Hakenkreuze auf ihr Auto gesprüht worden sind. Obwohl sie einen konkreten Verdacht hat – mißgünstige Kollegen, die ihr ihren Aufstieg in der Firma übelnehmen –, teilt sie es der Polizei aus Angst vor »noch härterer Verfolgung« nicht mit. Sie fühlt sich hilflos, ausgeliefert, und denkt an Flucht zurück nach Belgien. Die Bemerkung eines Vorgesetzten, das habe sie sich mit ihrer Härte selbst eingebrockt, wendet sie zunächst ganz gegen sich selbst, bis sie in der Analyse bemerkt, daß sie diese Schuldzuweisung projektiv allen unterstellt, die sich dazu äußern. Daß nun in der Realität etwas geschehen ist, was ihren Projektionen über »die Deutschen« entgegenkommt beschäftigt sie über längere Zeit in Vergleichen zwischen der faschistischen Bewegung in Belgien, den belgischen SS-Divisionen und »den Deutschen«: »Ihr habt es euch gewählt, uns wurde es diktiert!«. Es dauert lange, bis Frau M. realisieren kann, daß sie den historischen Unterschied zwischen den beiden Völkern auch zu Externalisierung eines eigenen destruktiven Anteils nutzt. In meiner Gegenübertragung ist es in dieser Zeit besonders schwierig, die projizierte Destruktivität auszuhalten, die so eng mit der eigenen Geschichte als Deutscher verknüpft ist. Ihre ethnische Identität als Belgierin und meine als Deutscher sind zu Metaphern geworden für den Gegensatz von Ohnmacht und Macht. Ihre eigene Faszination an Macht und Gewalt entdeckt Frau M. zunächst über Erinnerung an die Angst der Mutter vor, aber auch deren geheime Faszination für die gefürchteten Deutschen. Diese Übertragungshaltung gegenüber den Deutschen verknüpft sie mit einem neuen Konfliktfokus um die Frage der Bezahlung nach Ablauf der Kassenleistungen. Sie kann nur langsam realisieren, in welchem Ausmaß sie bisher meine Geldforderungen verleugnet hat, um ihre erneute Enttäuschung über mich und ihrer Wut gegen mich aus dem Weg zu gehen: In einem Traum verläßt sie mich weinend, als ich über Geld spreche. Daß Gefühle und Geld nicht vermengt werden sollen, führt zu ihrer Vorstellung, daß sie letztlich die »Schulden für ihre Inzestwünsche« bezahlen muß, da sie – mit den Augen der Mutter gesehen – mich bezahlt für etwas, was diese verurteilt. Sie reagiert depressiv, es passieren ihr zwei kleinere Unfälle mit dem Auto, und an ihrer Arbeitsstelle gerät sie wieder in eine masochistische Position, in der alle anderen ihr zusetzen, sie hilflos wütend ist und sich mißbraucht fühlt. Damit verknüpft sie auch ihre bisherige Verliebtheit in mich, die ihr nun gleichbedeutend scheint mit weiblicher Ohnmacht und masochistischer Unterwerfung. Über etliche Stunden hinweg fühle ich mich ihrem Klagen und Schluchzen ohne Ausweg ausgeliefert, bis ich verstehe, daß sie mir so sehr ihre eigene Ohnmacht vorführt, weil sie Angst vor ihren

Machtphantasien und -möglichkeiten hat, und daß sie zu klären vermeiden möchte, wie unabhängig sie inzwischen ist. Im Zusammenhang mit Ferien, in denen sie eine Woche länger wegbleiben möchte als ich, erlebt sie in ihren Phantasien agressive Möglichkeiten mir gegenüber noch mit einer masochistischen Wendung: Mit einem Krebstod könnte sie mich treffen, und sie denkt auch an »vorherigen Selbstmord«. Auf Deutungen, daß sie ihre Macht verleugnet, reagiert sie zunächst mit heftiger Zurückweisung, bis sie ihre agressiven Möglichkeiten sehen und sich auch sadistischen Phantasien nähern kann, z. B. Kolleginnen zugrunde gehen zu lassen. Auch in der Übertragung sucht sie nun die regressive Wiederbesetzung von phallischer Identifizierung und Machtkampf: An der für sie ungünstigen Ferienregelung und unserer Zahlungsvereinbarung für ausgefallene Stunden entzündet sich heftiger Ärger, mit dem sie sich mit mir – pied à pied (»Fuß an Fuß«) – zu messen sucht. Während des hierüber möglichen Trauerprozesses bewirbt sie sich auf eine mittlere Führungsposition, um endlich von ihrem schwierigen Arbeitsplatz wegzukommen. So wie sie sich nun dort von ihrer masochistischen Haltung trennen kann, gelingt es ihr in dieser Zeit auch, die auf mich als Deutschen projizierte Destruktivität bei sich selbst zu erkennen und zu integrieren.

Die Überwindung der Spaltung

Erst das Entdecken der mit der ethnischen Identität verknüpften projektiven Zuweisungen beendete somit eine kritische Phase ihrer Analyse, in der es fast zu einer Stagnation gekommen wäre. Dadurch wurde der Weg frei zu einer weiteren Arbeit an ihren idiosynkratischen, mit ihrer spezifischen Lebensgeschichte verbundenen inneren Konflikten. Dazu gehörte insbesondere die erneute Arbeit an den mit der ödipal-inzestuösen Welt verknüpften Vorstellungen, in denen sie den Vater mit ihrer Liebe erregt und die Mutter aggressiv beschädigt hatte. Die Heftigkeit ihrer Triebregungen und die schon erhöhte Ambivalenz gegenüber der Mutter hatten bei Frau M. zu besonders starken Schuldgefühlen geführt, die sie oft nur in Form einer Bedrohtheit des eigenen Körpers und des Weiterlebens verarbeiten konnte. Die notwendige Liebesenttäuschung am Vater, die sich in der Übertragung so schmerzhaft wiederholte, hatte die Patientin durch eine regressive Wiederbesetzung des phallischen Narzißmus zu überwinden versucht.

Wenn auch viele Aspekte der analytischen Arbeit an diesen Konflikten sich ähnlich in anderen Behandlungen finden, so setzte die Überwindung der Spaltung der ödipalen Welt von Frau M. in einen Mutter- und einen Vater-Bereich, die mit verschiedenen Sprachen und den dazugehörigen Kulturen verknüpft waren, besondere Akzente. In diesem Fall war es besonders schwierig, auch die mütterliche Übertragungsdimension Raum gewinnen zu lassen, weil die vereinbarte Sprache wie auch der kulturelle Hintergrund des Analytikers Einschränkungen bedeuteten, deren Wirkung erst im Lauf der Analyse deutlich wurden und erkannt werden konnten. Auch für mich als Analytiker war es erforderlich, von meinen – eher positiv und idealisierend gefärbten – Übertragungen und Projektionen auf die französische Kultur und Sprache Abstand zu gewinnen, um die von der Patientin erlebte kulturelle Welt ihrer Kindheit und Jugend mit ihren Augen sehen zu können. In dieser Sicht wurde die Analyse mit Frau M. für mich auch zu einer ethnologischen Erfahrung, da sie mir einen neuen Zugang zum ethnischen Unbewußten der französischen Kultur ermöglichte.

Die Tigerkuh – Heimat und Fremde in der analytischen Therapie eines Chinesen

Dieser Beitrag behandelt den Versuch eines chinesischen Wissenschaftlers, seine ernsthafte Depression während eines halbjährigen Aufenthaltes in Deutschland mit Hilfe eines Stücks analytischer Psychotherapie zu verstehen und zu überwinden. Dabei sollen die kulturell vorgegebenen wie lebensgeschichtlich-individuellen Anstrengungen , Erfahrungen des Verlassenseins und Erleben von Einsamkeit zu bewältigen, im Vordergrund stehen.

Ein Lösungsversuch im Traumerleben

Der Patient, den ich hier Herrn Zhang nennen möchte, konnte gegen Ende der zweimonatigen Behandlung die neue Lösung, die er für seine unbewußten Konflikte um Trennung, Hilflosigkeit und Anpassung gefunden hatte, in folgendes Traumbild fassen:

> Ich sehe im Traum eine Kuh oder einen Ochsen. Ich weiß nicht, ob das Tier männlichen oder weiblichen Geschlechts ist. Aber es hat lange Tigerpratzen an den Füßen, mit richtigen Klauen. Es erinnert mich schon im Traum an Bilder von S. Dali. Und ich hatte keine Angst.

Die Assoziationen des Patienten drehten sich zunächst darum, daß er das Tier als sehr ruhig erlebte. Im Traum war er auf einem Spaziergang, und dann habe er diese riesige Kuh gesehen. Trotz der Größe habe er aber keine Angst empfunden. Er selbst sei im Jahr des Tigers (nach dem chinesischen Kalender) geboren und darauf besonders stolz. Tatsächlich habe er hier in Deutschland die Kühe auf den Weiden immer besonders gerne gesehen.

Schließlich sagt Herr Z.: »Und nicht alle Tiger schaden den Menschen!« Die ältere Schwester der Großmutter mütterlicherseits habe öfters erzählt, wie sie in den Bergen Brennholz zum Kochen sammelte. Plötzlich habe sie, auf wenige Meter Entfernung, einem Tiger gegenübergestanden. Sie sei furchtbar erschrocken. Beide, Mensch und Tier, hätten sich einige Minuten regungslos angeschaut, dann sei der Tiger seines Weges gegangen.

Was im Traumbild des Patienten auffällt, ist der Versuch einer Verschmelzung zweier Wesen zu einem Tier. In seinen Assoziationen gehört das erste Tier, die Kuh, zu seinem Bild von Deutschland, während das zweite, der Tiger, für ihn in seiner Heimat China zuhause ist. Dieser Versuch, östliche und westliche Welt zu verknüpfen, zwei Gegensätze zusammenzubringen, wiederholt sich in der Unklarheit im Traumbericht, ob es sich um ein männliches oder weibliches Tier handelt. Auf mein Nachfragen hin, daß er in seinen Assoziationen immer von einer Kuh, einem weiblichen Tier also, spricht, stellt sich heraus, daß Herr Z. im Traum tatsächlich ein Euter, also weibliche Geschlechtsmerkmale, bemerkt hatte. Dennoch hatte er gesagt: »Ich sehe eine Kuh oder einen Ochsen.« Der in Sprache gefaßte Traumbericht war also schon eine sekundäre Überarbeitung, ein Nachdrängen eines Widerstandes. Versteht man die Geschlechterdifferenz als die ursprünglichste menschliche Dichotomie, als Zeichen einer Getrenntheit, die in der psychischen Entwicklung allerdings erst spät und manchmal niemals anerkannt wird, so könnte man dieses Nachdrängen, vor allem aber das Traumbild der Tigerkuh als Ausdruck eines regressiven Wunsches nach Aufhebung von Trennung, aber auch als Versuch einer Integration in einer schöpferisch-künstlerischen Neugestaltung eines bisher unbekannten Wesens sehen. Auf letzteres deutet der schon im Traum präsente Verweis auf Dali hin. Damit wäre es ein Kompromiß im Dienste einer Abwehr, die aber dennoch ein heilsames Potential in sich trägt. Später fiel Herrn Z. zu »Dali« auch noch ein, daß dies der Name einer alten Königsstadt in der Provinz Yunnan in China ist, die, auf einer Hochebene an einem wunderschönen See und am Fuße eines hohen Berges gelegen, eine besondere Ruhe ausstrahlt. Natürlich ist auch der Übertragungsaspekt in diesem Traumbild deutlich, hatte Herr Z. doch mehrmals im Lauf der Therapie meine Ruhe und Gelassenheit als wohltuend hervorgehoben, Eigenschaften, die er bei seinen Spaziergängen an den »deutschen Kühen« schätzte. Wie die Schwester der Großmutter, die im Angesicht des Tigers ruhig blieb, hatte ich in seinem Erleben seiner abgewehrten Aggression standgehalten, sollte andererseits durch Verschmelzung auch wieder vor seiner heftigen Destruktivität, den Tigerklauen, geschützt werden.

Dieses vorläufige Verständnis des Traums, wie es in der Sitzung mit Herrn Z. erarbeitet werden konnte, basiert auf seinem persönlichen, idiosynkratischen Unbewußten und den ihm in der Stunde zugänglichen assoziativen Verknüpfungen. Darüber hinaus enthält das Traumbild aber auch Hinweise auf einen spezifischen kulturellen Hintergrund, nämlich eine Geschichte um den legendären Begründer des Daoismus, Lao Tse, und eine mit ihm verknüpfte Tiergestalt, die noch mehr Beimischungen von Körperteilen anderer Tiergattungen enthält als dies im Traum meines Patienten der Fall gewesen war. Diese Legende um Lao Tse war auch Herrn Z. bekannt, und tatsächlich hatte er als Kind eine bronzene Tierfigur dieser Art in einem daoistischen Tempel gesehen. Diese kombiniert alle Tiere des chinesischen Sternkreises: Das Ohr einer Maus, die Nase eines Ochsen, die Pranken eines Tigers, den Rücken eines Hasen, das Horn eines Drachens, den Schwanz einer Schlange, das Maul eines Pferdes, den Bart einer Ziege, den Hals eines Affen, die Augen eines Hahns, den Bauch eines Hundes und den Hintern eines Schweins. Der Legende nach hatte Lao Tse sich mit einem Freund auf dem Gelände verabredet. Als dieser kam, konnte er nur einen Jungen entdecken, der zwei Ziegen an der Leine führte, konnte dann aber realisieren, daß Lao Tse diese Verkleidung angenommen hatte. Im Tempel, der heute auf diesem mythischen Gelände steht, sind beide Ziegen als Bronzefiguren dargestellt. Eine erscheint in der beschriebenen Mischgestalt, die andere als »echte« Ziege, der allerdings eine magische Wirkung nachgesagt wird, wenn man sie an den Flanken streichelt: Dann sind alle Schwierigkeiten und Schmerzen des Lebens vergessen.

Da auch mir diese Legende um Lao Tse bekannt war, war es mir an dieser Stelle möglich, ein Verständnis des unbewußten Konflikts von Herrn Z. zu entwickeln, das tiefer reichte, als es nur aufgrund der idiosynkrantischen, spezifisch lebensgeschichtlichen Aspekte möglich gewesen wäre, wie sie sich v.a. in den Assoziationen von Herrn Z. zu seinem Traum entfalten. Schließlich geht es um die Begegnung zweier Freunde, von denen der eine dem anderen ein Rätsel aufgibt, das dieser auf assoziativem Weg zu lösen vermag und darüber zu einem Erkennen gelangt. Anders als bei der Begegnung von Ödipus mit der Sphinx vor Theben endet das Lösen des Rätsels, der Moment der Erkenntnis, nicht mit dem Ende eines der beiden Partner des Gesprächs, sondern mit einer vertieften Beziehung. Dies scheint mir der reifere Anteil der Übertragungswünsche des Patienten zu sein, die er in seinem Traum zum Ausdruck bringt, wenn er mit innerer Ruhe und Gelassenheit die Tigerkuh anschaut, also als erkennender Mensch einem Wesen gegenübertritt, das ihm Rätsel aufgibt. Auf einer anderen, genetisch »früheren« Ebene drückt die Verschmelzung der Tierfiguren zu einem Wesen allerdings auch einen intensiven Wunsch aus nach symbiotischer Harmonie von Gegensätzen, die in der Realität immer getrennt sein müssen, so wie auch Analytiker und Analysand sich immer als Getrennte, als Individuen begegnen.

Erleben der Fremde als Aktualisierung von Trennungsangst

Herr Z. war mit einem Doktorandenstipendium für einen sechsmonatigen Aufenthalt nach Frankfurt am Main gekommen, der ihm die Fertigstellung einer Forschungsarbeit ermöglichen sollte. Schon von China aus hatte er Kontakt zu anderen Chinesen an seinem Aufenthaltsort in Deutschland hergestellt, um sich dort schnell in die für ihn fremden Lebensabläufe eingewöhnen zu können und sich zugleich durch den Kontakt zu Landsleuten vor einem übergroßen Erleben von Alleinesein geschützt zu fühlen. Trotz dieser Vorsichtsmaßnahmen war Herr Z. bald nach seiner Ankunft in eine ernsthafte depressive Krise geraten, die ihn bis an die Grenze der Arbeitsunfähigkeit lähmte. Insbesondere fühlte er sich auch von den deutschen Kollegen an seinem ihm zugewiesenen Arbeitsplatz zwar nicht abgelehnt, aber doch zu wenig wahrgenommen und respektiert. Insbesondere hatte er erwartet, daß man ihm und seinem Forschungsvorhaben mit deutlich mehr Interesse begegnet wäre und daß die Kollegen sich bemüht hätten, ihm über seine anfänglichen Sprachschwierigkeiten hinweg zu helfen. Auch das ungewohnte europäische Essen machte ihm schwer zu schaffen, so daß er mehr und mehr dazu überging, für sich selbst auf chinesische Art zu kochen, was dann allerdings einen großen Teil seiner freien Zeit beanspruchte. Ihm war durchaus klar, daß dies auch ein Versuch war, zumindest »über den Magen« eine intensive Verbindung zu seiner Heimat aufrecht zu erhalten. Auch von den chinesischen Landsleuten, mit denen er Kontakt aufgenommen hatte, fühlte er sich enttäuscht, da sie sich seiner Ansicht nach schon zu sehr an die westlichen Lebensgewohnheiten angepaßt hatten. Dennoch war es ihm möglich, ihren Rat zu einer Konsultation bei mir anzunehmen, nachdem sich seine depressiven Verstimmungen nicht mehr verbergen ließen.

In unserem ersten Gespräch stellte Herr Z. sich mir als 50jähriger Biochemiker vor, der in perfektem Englisch über sich zu sprechen in der Lage war. Er berichtete mir von seinen tiefreichenden Gefühlen der Einsamkeit und des Verlassenseins, die ihm seit den ersten Tagen in Deutschland zu schaffen machten. Er war weniger aus eigenem Antrieb heraus zu diesem Forschungsaufenthalt aufgebrochen, sondern auf Drängen seiner Arbeitseinheit, die sich erhoffte, nach seiner Rückkehr von seiner gestiegenen wissenschaftlichen Reputation zu profitieren. Sowohl zusätzliche Aufträge für wissenschaftliche Untersuchungen als auch der zu erzielende Preis für diese Leistungen hing u.a. auch davon ab, wie er die in ihn gesetzten Erwartungen erfüllen würde. Die Wahl war auf Herrn Z. gefallen, weil er schon über einen Doktortitel verfügte und bei einem vorherigen Auslandsaufenthalt seine Englischkenntnisse entscheidend verbessert hatte. Diesem hohen Erwartungsdruck fühlte er sich aber eigentlich nicht gewachsen, hätte sich lieber auf seine Interessen an Musik und Literatur zurückgezogen und nach dem Arbeitstag behagliche Stunden zu Hause mit seiner Frau verbracht. Aus diesem Konflikt heraus, daß er seiner Arbeitseinheit, seinen Kollegen zuliebe, die Aufgabe übernommen hatte, fühlte er sich doppelt enttäuscht, als er an der Forschungsstätte in Deutschland nicht begeistert aufgenommen wurde, sondern offenbar eher als unliebsamer Gast gesehen wurde, dem zuliebe man die zusätzliche Anstrengung auf sich nehmen sollte, die wissenschaftlichen Konferenzen für die Zeit seines Aufenthaltes in englischer Sprache abzuhalten.

Auch die erste Begegnung mit mir gestaltete Herr Z. so, daß er die Erwartungen, von denen er phantasierte, daß ich sie als Psychoanalytiker ihm gegenüber haben könnte, zu erfüllen versuchte. Im Gesprächsverlauf überraschte er mich nach der anfänglichen Darstellung seiner Symptomatik mit der spontanen Schilderung von Traumberichten. In seiner Jugend hatte er Freuds »Traumdeutung« gelesen, die schon in den 20er Jahren ins Chinesische übersetzt worden war. Er war, eher zufällig, in einem Pekinger Antiquariat auf dieses Buch gestoßen und hatte sich von ihm überaus angesprochen gefühlt. Damals hatte er seine Gedanken und Einfälle zum Buch zu einem ersten Versuch von Selbstanalyse genutzt und, wie er erzählte, mit dieser Hilfe die sexuellen Schwierigkeiten seiner Adoleszenz zu meistern vermocht. Auch als er später einmal träumte, er schlafe mit einer Frau, und dann im Traum realisieren mußte, daß diese Frau seine Mutter war, habe er über die Lektüre der »Traumdeutung« Einsicht in die Wurzeln dieses Traums gefunden und seinen zunächst empfundenen Selbsthaß mindern können. Wie um mir ein Geschenk zu machen, das ich in seiner Vorstellung als Analytiker von ihm zu bekommen hatte, schilderte er mir nun im Erstgespräch die Träume, die er als Jugendlicher oft gehabt hatte. Diese Träume hatte er sehr gemocht, sie seien dann aber, etwa mit dem 30. Lebensjahr, verschwunden. Es habe sich um Traumsequenzen gehandelt, in denen er einige Zentimeter über der Erde schweben konnte, sich sehr frei fühlte, schwerelos. Noch heute sehne er sich nach diesen Träumen zurück und frage sich oft, warum sie nicht mehr wiederkämen. Nach dem 30. Lebensjahr habe er nur noch selten geträumt, dann seien es in der Regel aber auch Träume gewesen, die ihm unangenehme Gefühle verursachten. Zum Beispiel erinnere er sich an einen Traum, in dem er mit einem Freund im Auto einen Berg hochfahre, der Freund am Steuer, und Angst empfinde, daß sie zusammen abstürzen könnten.

Ich greife den Übertragungsaspekt dieser Traummitteilungen auf und deute ihm: »Sie zeigen mir, daß es einen Zustand gibt, nach dem

Sie sich sehnen: Alleine zu sein und ein erhabenes Gefühl zu erleben, schwerelos, ohne Bindungen zu schweben. Heute kommen Sie aber zu mir und suchen meine Hilfe für einen Weg, den Sie nicht alleine gehen können. Und so macht es Ihnen Angst, weil Sie nicht wissen, wohin unsere gemeinsame Reise gehen könnte und ob Sie sich mir anvertrauen können, ohne Gefahr zu laufen, mit mir zusammen abzustürzen.« Spontan bestätigt Herr Z. meine Deutung und fügt hinzu, daß er am Tag zuvor mit dem Bus schon den Weg zu mir abgefahren sei, um die Praxis auch wirklich finden und die vereinbarte Zeit einhalten zu können. Ich verstand dies als zwanghafte Abwehr einer großen oralen Bedürftigkeit und Abhängigkeitserwartung, gegen die er sich so zu schützen versuchte. So wie er meinen Wünschen entgegenkam, pünktlich zur Stunde zu erscheinen und mir als »guter analytischer Patient« Träume mitzubringen, so erwartete er unbewußt, daß ich mich seiner annehmen sollte, wenn auch diese Erwartung von einer starken Angst begleitet war, von mir enttäuscht zu werden.

Dieses Verständnis der Anfangsszene gewann noch mehr Evidenz durch den weiteren Verlauf des Gesprächs und Einzelheiten seiner Lebensgeschichte und seines Erlebens schwieriger Lebenssituationen, die er mir während der Behandlung nach und nach zugänglich machte. Zunächst frage ich ihn nach seinem 30. Lebensjahr, das er als Punkt der Veränderung für die Art seines Träumens angegeben hatte. Herr Z. assoziierte spontan die Zeit der Kulturrevolution, als einen Moment des Umbruchs, auch für ihn persönlich: Bis dahin habe er hart studiert und gearbeitet, z.B. von 8 Uhr morgens bis Mitternacht, um wissenschaftliche Karriere zu machen und Professor zu werden. Er war mit 17 Jahren aus dem Süden Chinas nach Peking gekommen, um dort an der renommiertesten Universität Chinas sein Studium zu absolvieren. Mit der Kulturrevolution kam ein Bruch in seine bisherige Orientierung: Zunächst, 1966, sei er mit den anderen Studenten und Jugendlichen mitgelaufen und habe Parolen geschrien. Später sei er nachdenklicher geworden, habe sich innerlich distanziert, sei auch froh gewesen über die viele Zeit, die ihm plötzlich zur Verfügung stand, nachdem seine persönlichen Pläne obsolet geworden waren. Während er bis dahin russische Artikel gelesen und auch übersetzt hatte, begann er nun ein Interesse für andere Fremdsprachen zu entwickeln, das er aber vor anderen geheimhalten mußte. Er kaufte sich eine Englischgrammatik und begann Englisch zu lernen, ließ das Buch aber im Schreibtisch verschwinden, sobald jemand anderes sich näherte. Sonst wäre er sofort als amerikanischer Spion verdächtigt worden. Wir können darüber sprechen, wie Herr Z. die Kulturrevolution einerseits als Befreiung, vor allem vom inneren Zwang seines immensen Leistungsdrucks, erlebte, andererseits aber auch sehr darunter litt, daß er während der zehn Jahre der Kulturrevolution viermal aufs Land geschickt wurde: Zweimal für je ein Jahr, zweimal für je ein halbes Jahr. Er hatte 1970 geheiratet, aber auch seine Frau wurde dreimal für je ein Jahr aufs Land zur Arbeit geschickt. Somit sei jeweils ein Partner des Paares rotierend weg gewesen, während in diesem Zeitraum noch zwei Kinder geboren wurden, die dann jeweils von dem Übriggebliebenen versorgt werden mußten.

Am Ende dieses ersten Gesprächs dachte ich, daß für Herrn Z. mit der Zeit der Kulturrevolution eine traumatisierende Erfahrung verknüpft gewesen sein könnte, die ich zunächst mit den zahlreichen erzwungenen Trennungen und der großen Unsicherheit bezüglich jeder Zukunftsplanung in dieser Zeit in Verbindung brachte. Ich hatte aber den Eindruck gewonnen, daß Herr Z. in der Lage war, mit einem Stück analytischer Arbeit Einsicht in die aktuelle Dynamik seiner unbewußten Konflikte angesichts einer erneuten Trennungssituation und der durch sie verursachten Symptome zu gewinnen, und schlug ihm deshalb für die verbleibenden drei Monate seines Aufenthaltes eine analytische Behandlung vor, zu der Herr Z. dann auch jeweils viermal in der Woche in meine Praxis kam.

Trennungstraumata in der Lebensgeschichte

Die Lebensgeschichte von Herrn Z., wie wir sie im weiteren Verlauf der Behandlung rekonstruieren konnten, beginnt als zweites Kind einer Beamtenfamilie in der südchinesischen Provinz Fujian. Der Vater mußte alle zwei bis drei Jahre seinen Dienstsitz wechseln, und die gesamte Familie zog jeweils mit ihm um. Hinzu kam, daß zum

Zeitpunkt seiner Geburt Japan die Chinesische Republik besetzt hatte und heftige Kämpfe in China tobten, vor denen die Familie flüchtete. In den frühesten Erinnerungen von Herrn Z. spielte das Leben in primitiven Bunkern, in einer Winterzeit, in der es weder Milch noch Sonne gab und in der die Stadt mehrmals von japanischen Bombern angegriffen wurde, eine bestimmende Rolle. Neben einer zwei Jahre älteren Schwester wurde in Herrn Z.s drittem Lebensjahr eine weitere Schwester geboren, zu der er ein besonders enges, zärtliches Verhältnis entwickelte. Als er sechs Jahre alt war, erkrankte diese Schwester an einem schweren Durchfall, an dem sie schließlich starb, weil wegen der japanischen Besetzung die lebensrettenden Medikamente nicht verfügbar waren. Herr Z. erinnerte noch sehr gut den Moment, als er sieben Tage nach Beginn ihrer Krankheit aus der Schule zurückkam und die Mutter weinend am Kopfende ihres Bettes vorfand.

Seinen Vater hat Herr Z. als ausgeglichen in Erinnerung, wenn dieser auch die intellektuellen Interessen seines Sohnes wenig unterstützte und mehr an gutem Essen und am Mahjong-Spiel mit seinen Freunden interessiert war. Die Mutter dagegen war aufgeschlossen, hatte eine erweiterte Schulbildung, konnte lesen und schreiben und versuchte ihren Sohn soweit wie möglich zu fördern. Herr Z. litt sehr unter den häufigen Ortswechseln, die auch jeweils einen Verlust an Freundschaften nach sich zogen. Als er zwölf Jahre alt war, wurde der Vater wieder versetzt, und Herr Z. blieb alleine in einem großen Haus zurück. Diese Zeit erinnert er als eine erste Phase, in der er intensiven Gefühlen der Einsamkeit, der Depression und des Horrors ausgesetzt war. Er fürchtete sich vor den Ratten und Mäusen, die das alte Haus bevölkerten, und riegelte sich nach dem Schulbesuch dort ein, weil er Angst vor Dieben und Einbrechern hatte. Als er 16 Jahre alt war, konnte die Familie wieder für ein Jahr zusammenkommen, bis er zum Studium nach Peking gehen mußte. Er hatte die Vorstellung, daß seine Eltern nicht ermessen konnten, was diese Trennungen für ihn bedeuteten. Er hat die Worte seiner Mutter im Ohr: »Wenn du etwas werden willst, darfst du nicht wünschen, zu uns zurückzukehren, sondern mußt alleine zurecht kommen.« In der ersten Zeit in Peking litt er sehr am ungewohnten

Klima und Essen, fror z.B. in den kalten Pekinger Wintern, biß sich aber durch, wie er es auch in den Jahren zuvor getan hatte. Er entwickelte die Angewohnheit, ungeachtet der aktuellen Jahreszeit jeden Morgen kalt zu duschen, mit dem Gedanken: »Wenn ich das nicht mehr schaffe, wird mein Herz korrupt.« Herr Z. entwickelte einen deutlichen Stolz auf die mit der Abhärtung verbundene Ich-Stärke und führt darauf auch seine Fähigkeit zurück, sich in Versuchungssituationen seinem Gewissen gemäß zu entscheiden.

Die Haltung seiner Eltern, ihn schon so jung allein zu lassen, verbindet sich mit einer in Fujian über die Jahrhunderte hinweg geltenden Sitte, nach der die jungen Männer aus ihrem Heimatort weggehen mußten, sobald sie die Pubertät erreicht hatten. In den Jahrzehnten zuvor war es üblich, daß sie zu verwandten Familien nach Indonesien oder in die Philippinen gingen, während zu seiner Zeit eine Veränderung dahingehend eingetreten war, daß viele Jugendliche dieses Alters in einem Schulinternat lebten, entfernt vom Wohnort der Eltern, und diese nur zweimal im Jahr besuchten. In der Regel kehrten die Jugendlichen dann im 18. Lebensjahr in ihr Heimatdorf zurück, um dort die Braut zu heiraten, welche die Eltern für sie ausgesucht hatten. Nach einer zweimonatigen Zeit der Flitterwochen mußten sie wieder in die Fremde aufbrechen, um erst dann zurückzukehren oder ihre Familien nachkommen zu lassen, wenn sie reich geworden waren. Unterdessen trugen die Frauen zu Hause die Lasten des Alltags, mußten vor allem für die Eltern des jungen Mannes sorgen, in deren Haushalt sie übergegangen waren. Allgemein galt die Ansicht, daß diese Trennung der Jungen von ihren Familien mit dem Beginn der Pubertät die männliche Unabhängigkeit stärken könne. Wer sich diesem Schritt verweigerte oder Trennungsschmerz und Tränen nicht zu unterdrücken imstande war, war der allgemeinen Verachtung preisgegeben.

Herr Z. absolvierte in kurzer Zeit sein Studium der Chemie und spezialisierte sich sodann in Biochemie. Er heiratete 1970, in der Zeit der Kulturrevolution, war dann aber mehrmals, wie zuvor geschildert, von der Familie getrennt. Hatte Herr Z. schon während seiner Schulzeit im Rahmen einer Anti-Rechts-Kampagne die politische Verfolgung von Mitschülern miterleben müssen, die wegen ihrer familiären

Herkunft der Rechtsabweichung bezichtigt, von der Schule ausgeschlossen und zur Landarbeit geschickt worden waren, so erlebte er in der Kulturrevolution den direkten Einbruch einer Erfahrung des Horrors: Während er den Bauern bei der Landarbeit half, wurden in einem Nachbardorf mehrere Familien umgebracht, deren Leichen er am nächsten Tag auf der Straße liegen sah. Es hieß damals, sie gehörten konterrevolutionären Familien an, und der Befehl zu ihrer Ermordung sei »von oben« gekommen. Dieses Ereignis hatte sein inneres Erleben deshalb so geprägt, weil er bis zu den therapeutischen Gesprächen mit mir mit niemandem darüber gesprochen hatte. Er war auch darüber sehr erschüttert, daß etliche seiner Kollegen, die an seiner Arbeitsstätte höhere Posten als er bekleidet hatten, sich in der Kulturrevolution das Leben nahmen, nachdem sie öffentlich schwer gedemütigt worden waren.

Nach dem Abschluß der Kulturrevolution hatte Herr Z. eine angesehene Stellung in einem Forschungsinstitut einnehmen können. Er schilderte sich in den Beziehungen an seinem Arbeitsplatz eher zurückhaltend, zufrieden mit dem Erreichten und ohne große Ambitionen. Mit seiner Frau verband ihn eine zärtliche, liebevolle Bindung, und er hatte mit ihr zwei Kinder, einen Sohn und ein Mädchen. In seiner Haltung den Kindern gegenüber schilderte er sich allerdings als eher hart, konnte erst in der Therapie ein Bedauern darüber entwickeln, daß er jegliches Weinen bei ihnen immer gleich mit Schlägen zu unterdrücken versucht hatte.

Die Trennungsdepression in der Übertragung

Neben der analytischen Haltung, die über die therapeutische Abstinenz immer eine Getrenntheit signalisiert, war bei der Behandlungsvereinbarung zwischen Herrn Z. und mir natürlich schon ein Ende mit vereinbart: Mit dem Abschluß seiner Studien in Deutschland sollte auch die therapeutische Beziehung ein Ende finden. Daß wir uns bald wieder trennen mußten, war somit von vornherein zu einem manifesten Thema unserer Beziehung geworden und war damit ständig als aktueller Fokus der gemeinsamen Arbeit präsent.

In den ersten Sitzungen war Herr Z. intensiv damit beschäftigt, daß es ihm so schwer falle, nachzuvollziehen, was eigentlich mit »freier Assoziation« gemeint sei. Bisher habe er sich für die Stunden immer zuhause vorbereitet, d.h. überlegt, was ihm wichtig war mir mitzuteilen. Dadurch sind auch eine ganze Reihe von Daten über seine Lebensgeschichte, über wichtige Charakterzüge, über seine bewußten Einstellungen deutlich geworden. Nach einer konfrontierenden Deutung, daß er Kontrollverlust fürchte, war er dann erstmals ohne Vorbereitung gekommen; es kam dann seine Unzufriedenheit mit der Situation am Forschungsinstitut an die Oberfläche, wo er sich mit »Baby-food« (Baby-Essen) abgespeist fühle; diese Situation kenne er auch aus Peking, wenn ausländische Experten kämen und in ihren Vorträgen etwas behandelten, was er selbst schon sehr gut kenne. Deutlich wird auch sein unterdrückter Ärger darüber, daß die Kollegen in Deutschland so wenig Englisch zu sprechen in der Lage seien; dadurch müsse er den Diskussionen oft passiv folgen und könne sich nur das Wichtigste übersetzen lassen. Alle meine Interventionen, daß er dort wie hier in der Begegnung mit mir einer heftigeren Auseinandersetzung ausweicht, weist Herr Z. mit dem entschiedenen Argument zurück, er sei eben höflich und bescheiden. Damit meint er, daß dies für ihn Tugenden seien, die er aus guten Gründen entwickelt habe und die nicht nur der chinesischen Mentalität entsprächen.

Die 15. Stunde beginnt Herr Z. mit Einfällen zu seiner Frau, nach der er heftige Sehnsucht empfinde. Es falle ihm schwer, die Zeit hier ohne sie durchzustehen. Er schweigt dann eine Weile, spricht über den Vorhang vor dem Fenster, über die Bilder an der Wand des Praxisraums, über die Wolken, die draußen vorbeiziehen, um dann auf seine Art zu sprechen zu kommen, sofort nach dem Hinlegen auf ein Bett einzuschlafen. Er kenne es gar nicht, daß er dann noch Gedanken habe. Viele Ideen entwickle er während seiner Fahrten auf dem Fahrrad oder während Spaziergängen zu Fuß und schreibe sie dann sofort nach der Heimkehr nieder. Ich deute ihm schließlich, daß seine Art des Einschlafens eine besondere Bedeutung haben müsse, da sie eine spezielle Fähigkeit auszeichne, abzuschalten und sich auf einen narzißtischen Zustand zurückzuziehen. Ich weise ihn auf die Parallele zu den Träumen aus seiner Jugendzeit hin, in denen er wenige Meter über dem Boden zu fliegen pflegte. Schließlich teile ich ihm auch mein Bild mit, daß er wie ein gesättigter Säugling in den Armen seiner Mutter einzuschlafen beginne, sobald er in die Horizontale gegangen sei. Dies verbindet sich mit Themen aus der Stunde vom Vortag, in denen es um den Gegensatz zwischen Baby-Essen und Essen für Erwachsene gegangen war. Herr Z. erzählt mir dann, daß er zwischen dem achten und zwölften Monat von der Brust entwöhnt worden sei, wie es in der Gegend seiner Heimatstadt üblich war. Er galt als der besondere »Schatz« der Mutter, da er der erstgeborene Sohn war. Die nächste Schwester kam ja erst drei Jahre nach ihm, und ihm fallen viele Erzählungen der Mutter über seine Kindheit wieder ein, die den besonders engen Charakter dieser Bindung deutlich werden lassen.

Nach einem erneuten kurzen Schweigen spricht Herr Z. dann wiederum über seine Einschlafgewohnheiten. Spontan deute ich ihm, vielleicht repräsentiere das Einschlafen abends tatsächlich eine Rückkehr in die Arme der Mutter. Ich habe den Eindruck, daß er diese Deutung gut annehmen kann: Es folgt weiteres Material über die Entwöhnung von der Mutterbrust, die in China so gestaltet wird, daß die Mütter ihre Mamillen mit einer bitteren Flüssigkeit einreiben, woraufhin das Kind nicht weiter an der Brust zu saugen wünscht und zu anderer Nahrung übergeht. Ich bringe diese abrupte Art der Trennung mit seinem Trennungserleben im 12. Lebensjahr und seiner Fähigkeit, sofort einzuschlafen, in Verbindung: Es geht um abrupte und ursprünglich überfordernde Trennungen, die er nun in seiner Art des Einschlafens auch aktiv zu gestalten weiß. Tatsächlich ist dann auch der Abschied an diesem Tage besonders abrupt: Ich muß ihn, seinem Wunsch vom Beginn der Stunde entsprechend, 5 Minuten vor Ende meiner üblichen Zeit darauf hinweisen, daß er jetzt die U-Bahn nehmen muß, um einen wichtigen Gesprächstermin im Forschungsinstitut nicht zu verpassen.

In die folgende Stunde kommt Herr Z. mit seinem ersten Traum seit Beginn der analytischen Arbeit, aus dem er unmittelbar aufgewacht sei:

Ich habe eine neue Art von Krankheit entdeckt. Ich habe dazu insgesamt 265 Leute in einer Studie untersucht, von denen 36 nach drei Jahren noch leben. Ich habe eine Blutuntersuchung gemacht in meinem Laboratorium, um es näher zu erforschen. Ich nahm dazu eine grüne Bohne – die Chinesen essen Kekse aus diesen Bohnen im Sommer und trinken das Wasser, mit denen die Bohnen angesetzt waren – ; auf dieser grünen Bohne sollte dann ein Pilz wachsen, den es zu finden galt. Ich habe die Bohne in verschiedene Agar-Medien gegeben, Wasser, 5%ige Zuckerlösung usw. Ich steckte sie auch in ein stinkiges, übelriechendes Stück eines menschlichen Körpers; nur dort wächst der Pilz in der grünen Bohne auch wirklich an. Es war furchtbar unangenehm; aber der Test war schließlich erfolgreich, und so konnte ich einen Artikel verfassen und ihn publizieren. Als ich morgens um 5.30 Uhr aufwachte, hatte ich sofort die Idee, daß mein Laboratorium im Traum genauso aussah wie das Forschungsinstitut hier in Frankfurt. Ich konnte nicht mehr schlafen, sondern wartete nur noch darauf, zu Ihnen kommen zu können. Ich ging auf die Straße und schaute nach, wie oft die U-Bahn zu Ihrer Praxis fuhr.

Herr Z. entwickelt folgende Assoziationen: Einige Tage zuvor hatte er morgens im Ausländeramt, wo er eine Angelegenheit zu regeln hatte, die Nummer 606 gezogen; zunächst war glücklich, weil er dachte, daß diese Kombination auf jeden Fall den Erfolg in seinem Anliegen bringen müsse. Als er aber nach der Sitzung hier zum Ausländeramt zurückkehrte, sagten sie ihm, es sei nun zu spät, er könne nicht mehr drankommen. Nachmittags habe er hin und her gedacht, was jetzt zu tun sei.

Der Gestank des toten Körpers, der nur ein Teilstück eines Körpers war, ohne Kopf und ohne Beine, war ihm widerlich; es erinnerte ihn an sein Leben bei den Bauern während der Kulturrevolution, an den Gestank der Latrinen, an die Leichen, die er damals sah. Noch heute sei er immer entsetzt, wenn er einen solchen Geruch wahrnehme. Er entwickelt dann eine Phantasie, der er schon öfters nachgehangen habe, in der 80% aller Chinesen eliminiert würden: Eine Naturkatastrophe müßte den schmutzigen, ungebildeten Teil der chinesischen Bevölkerung treffen. Dann sei er vielleicht auch seine Angst los, eines Tages könnte nicht mehr genug Nahrung für alle da sein. Dann gebe es auch wieder Platz auf den Straßen, man ginge nicht mehr in den Massen und ihrem Schmutz unter.

Er assoziiert weiter, daß die grüne Bohne aber doch seine Hoffnung repräsentiere, Bewegung in die Vorgänge zu bringen, zu einem für ihn befriedigenden Ergebnis seiner Bemühungen zu kommen. Zu »grünen Bohnen« fallen ihm grün und gelb als «meine Farben« ein;

er erinnert sich an die Farbe eines Pullovers, den ich trug, sowie an ein Jackett in diesen Farben. Wir verstehen sodann, daß er die grüne Bohne als Symbol für mich sehen möchte, als Zeichen seiner Hoffnung, daß vielleicht ich ihm dort würde weiterhelfen können, wo er ein Scheitern fürchtet.

Zur Zahl 36 fällt ihm sodann ein, daß im chinesischen 6 mal 6 bedeutet: «Es wird alles gutgehen«. Diese magische Hoffnung hatte er ja schon mit der Zahl 606 verknüpft, findet sie jetzt aber in seinem Traum auch in der »Sechsunddreißig« wieder.

Das Verständnis des Traums, das Herr Z. und ich an dieser Stelle erarbeiten können, konzentriert sich v.a. auf seine Versuche, mit seiner oralen Versagungs- und Trennungsangst zurechtzukommen. Besondere Bedeutung gewinnt dabei die Arbeit an seiner anal-destruktiven Reaktionsbildung, seinem wütenden Haß und seinen Vernichtungswünschen gegenüber den »hungrigen und schmutzigen Massen«, die er als so bedrohlich erlebt. Dagegen steht seine idealisierende Übertragung auf den Analytiker, der der »grüne Keim« im stinkenden Körper sein soll, der ihn so auf magische Weise befähigen soll, seine Depression zu überwinden und sein Forschungsprojekt zu einem guten Ende zu bringen.

In den folgenden Stunden ist es Herrn Z. möglich, zunehmend seine Erfahrungen von Verlassenheit, Einsamkeit und Ausgeliefertsein auf eine neue Weise zu benennen. Immer wieder stößt er in seinen Einfällen auf die Frage, ob ich mir wohl wirklich vorstellen und mich einfühlen könne, wie sehr er an seinen Trennungen, aber auch an den kollektiven Verfolgungen und den Zeiten des Hungers gelitten habe. Immer wieder klagt Herr Z. über seine depressiven Gefühle und fragt sich, ob er vielleicht doch nicht der Richtige für dieses Projekt sei, nach Deutschland zu kommen und für seine Arbeitseinheit die Forschung voranzutreiben. Ich hatte diese Frage in der Übertragung zu verstehen versucht und interpretiert: »Sie haben den Eindruck, Sie sind nicht der Richtige für mich«. Wir konnten diese Übertragungseinstellung auf seine infantile Gefühlswelt beziehen, vor allem auf die Zeit, als er mit 12 Jahren von den Eltern allein gelassen wurde und sich so einsam gefühlt hatte. Schließlich konnte er darüber sprechen, daß es zwei Situationen gab, die in der Arbeit mit mir besonders schwer für ihn gewesen seien, wohl weil er in diesen Sitzungen seinen Gefühlen besonders nahegekommen sei. Es ging dabei um die beiden Themen des Todes der jüngeren Schwester und seines Erlebens der Kulturrevolution; erst jetzt habe er richtig erfahren, was Trennungserleben für ihn eigentlich bedeute. Er habe zuletzt heimlich für sich geweint, als er mit 19 Jahren das Haus seiner Eltern verließ und es erst nach drei Jahren wieder sah. Damals hatte seine Mutter gesagt, es sei besser, wenn er seine Studien in Peking fortsetze, statt sich eine Arbeit in der Nähe der Eltern zu suchen. Beim Abschied, noch in der Nacht, als er zum Schiff ging, habe er Tränen in den Augen gehabt; die hätten die Eltern aber nicht gesehen. Danach habe er sich immer bemüht, nie mehr weinen zu müssen; er wollte kein Schwächling sein, sondern als »harter Mann« gelten. Sogar seine Kinder habe er in diesem Geist erzogen, sie immer geschlagen, wenn sie zu weinen beginnen wollten. Ich deute ihm sodann, wieviel Angst er vor diesem schwachen Anteil in sich haben müsse und wie sehr diese Angst in Verbindung mit seinen Leidenserfahrungen stehe. Ich sage ihm aber auch, daß ich ihn in den beiden Momenten in seiner analytischen Erfahrung, in denen ihm hier die Tränen kamen, als sehr bewegt erlebt habe, nachdem er seit seinem 12. Lebensjahr niemanden mehr gehabt hatte, »in dessen Armen« er hätte weinen können. Diese Deutung schien ihn zu erreichen und zu bewegen, und ich hatte den Eindruck, daß er diese Erfahrung mit mir jetzt auch gut integrieren konnte.

Integrationsversuche

Auf diese Stunde folgten weitere Sitzungen, in denen es Herrn Z. zunehmend gelang, seine depressive Verzweiflung zu ertragen. Er gewann wieder Zugang zu sublimierteren Möglichkeiten, sich in seiner Einsamkeit zurechtzufinden, indem er seine Liebe zu Musik und Dichtung neu entdeckte. Dabei bewies er eine erstaunliche Fähigkeit, sich in chinesischer wie westlicher Lyrik und Musik emotional wiederzufinden. Er konnte entdecken, daß er hier regressiv in »verlorene Welten« eintauchen konnte, ohne dabei das Gefühl zu erleben, selbst verloren zu gehen. So fand er hier einen Trost wieder, der v.a. mit Klangerleben verknüpft war: Der Klang von Instrumenten und imaginierten Stimmen schien in ihm an Erinnerungen zu rühren, die trotz allen Trennungserlebens eine innere Konstanz anzeigten.

Schließlich brachte Herr Z., gleichsam als Abschiedsgeschenk an seinen Analytiker, den eingangs erwähnten Traum mit, in dem er Elemente aus der chinesischen und der deutschen Erfahrungswelt zu verschmelzen versuchte. Seine akute Depression war zu diesem Moment aufgelöst, aber in seinem Unbewußten war er intensiv mit der bevorstehenden Trennung von mir und seinen Verschmelzungssehnsüchten beschäftigt. Daß ich nicht nur einige, für die Depression wesentliche Aspekte seines idiosynkratischen Unbewußten verstand, sondern auch manchmal die Grenze zu seinem kulturellen Unbewußten zu überschreiten vermochte, hatte diese Wünsche in besonderem Maße angeregt, war er doch ursprünglich davon überzeugt, daß mir ein Zugang zu seinen mit der chinesischen Kultur verknüpften Persönlichkeitszügen verschlossen bleiben müsse. Nun konnte er erleben, daß er sich weit über ein zunächst erwartetes Maß hinaus mir anvertraut und geöffnet hatte. Dies hatte zunächst anale Widerstände in Form von Kontroll- und Bemächtigungswünsche in ihm wachgerufen, die er aber mehr und mehr lockern konnte. Somit hatte seine Vorstellung über die kulturelle Fremdheit zwischen uns ihm es zunächst überhaupt ermöglicht, zu mir zu kommen, mit der unbewußten Phantasie, daß ich ihn sowieso nicht würde erreichen können. Andererseits blieb sie auch der für ihn notwendige Schutz, der das Durcharbeiten der Trennungsdepression in einem ausreichenden Maß ermöglichte, nachdem seine Traurigkeit ihren Platz zwischen uns gefunden hatte.

Trennungstraumata in der chinesischen Kulturrevolution

Alf Gerlach und Antje Haag

Stellenwert der Gespräche im Ausbildungsprojekt

Die psychodynamischen Hypothesen, die wir im folgenden entwickeln, stützen sich im wesentlichen auf ethnopsychoanalytische Gespräche mit chinesischen Psychiatern und Psychologen, welche wir von Frühjahr 1997 bis Herbst 1999 in der Volksrepublik China führen konnten. Für diesen Zeitraum waren wir in ein Ausbildungsprojekt eingebunden, in dem zwei Gruppen von je 17 chinesischen Teilnehmern über drei Jahre hinweg eine kontinuierliche Weiterbildung in analytisch orientierter Psychotherapie erfuhren. Die Weiterbildungsteilnehmer, Psychiater und Psychologen, waren überwiegend zwischen 25 und 40 Jahren alt und in der Regel in einer psychiatrischen oder psychotherapeutischen Ambulanz oder in einer psychologischen Beratungsstelle tätig, die sich inzwischen in breitem Umfang auch in China auf die wachsende Nachfrage nach kompetenter psychotherapeutischer Behandlung einrichten müssen. Dieses Projekt entwickelte sich aus vorangegangenen Kongressen Ende der 80iger und Anfang der 90iger Jahre. Damals waren auf Wunsch führender chinesischer Psychiater hin Psychotherapeuten aus Deutschland zu Vorträgen und Seminaren über aktuelle Fragen der psychoanalytischen Therapie, der systemischen Familien-Therapie und der Verhaltenstherapie nach China eingeladen worden. Ihre Beiträge waren auf unerwartet große und positive Resonanz gestoßen und trafen auf ein Bedürfnis, nun auch in systematisierter Form eine psychotherapeutische Ausbildung zu erhalten.

Hierfür kamen die chinesischen Teilnehmer zweimal im Jahr für je eine Woche in wechselnden chinesischen Großstädten (Kunming, Beijing, Shanghai, Wuhan, Chengdu) mit den deutschen Dozenten zusammen. Nach zwei Unterrichtstagen mit Literaturvorbereitung und Diskussion untereinander folgten je fünf Arbeitstage mit den deutschen Lehrenden in Kursform. Hierbei legten wir besonderen Wert auf die Supervision von Erstgesprächssequenzen bzw. Therapieverläufen. Anhand der sich dabei ergebenden Verständnisschwierigkeiten griffen wir bestimmte Theorieaspekte heraus und diskutierten sie intensiver. Zwischen den einzelnen Unterrichtsblöcken waren die Teilnehmer gehalten, Fachliteratur zu lesen (klassische psychoanalytische Texte in Englisch oder auch in chinesischer Übersetzung sowie Referate der Dozenten zu spezifischen Themen) und nach vorgegebenen Leitlinien Berichte über ihre therapeutische Arbeit zu verfassen, die wiederum schriftlich kommentiert wurden.

Wir selbst, Repräsentanten der zweiten Generation nach dem Zusammenbruch des Nationalsozialismus und aus einem Klima kommend, in dem inzwischen die Auseinandersetzung mit den Folgen für Täter und Opfer in der Öffentlichkeit im allgemeinen und der Psychotherapie im besonderen eine große Aktualität hat, waren besonders auf die Diskussion mit chinesischen Kollegen über ihre Erfahrungen während der Kulturrevolution und danach gespannt. Wir waren überrascht, daß in den Fallpräsentationen die politische Vergangenheit kaum eine Rolle spielte. In allen Seminaren wurde nicht ein einziger Behandlungsfall vorgestellt, in dem Traumatisierungen durch Terroraktionen, Demütigungen, Verschleppungen, Bedrohungen, Umerziehungsmaßnahmen auch nur erwähnt wurden. Als Antje Haag dieses – in einem abschließenden Gespräch nach Beendigung eines Seminars – thematisierte, war die Hälfte der Gruppe an der Diskussion nicht interessiert. Ein sonst besonders engagierter Kollege verließ den Raum und meinte, daß er über »keine Erfahrungen« in dieser Hinsicht verfüge, kam dann aber zurück und beteiligte sich zunehmend nachdenklich an dem Gespräch mit den etwa acht verbliebenen Kollegen. Ein leitender Psychologe aus Huangzhou berichtete, daß er eine Studie an 60 Überlebenden der Kulturrevolution gemacht habe, die er nicht habe publizieren dürfen. Eine Kollegin berichtete über die Therapie eines Patienten, der nie über seinen Vater sprach, so daß die Kollegin annahm, daß dieser gar nicht existiere. Erst nach einigen Stunden erfuhr sie, daß der Vater des Patienten ein kommunistischer Kader gewesen war, der sich durch besonders brutale Verfolgungen ausgezeichnet hatte.

Dagegen nahmen in den vorgestellten Gesprächen die häufig spannungsreichen Ehen der Eltern der Patienten eine große Rolle ein. Die häufig noch arrangierten Ehen waren dadurch gekennzeichnet, daß es zwischen den Partnern große Bildungsunterschiede gab, was sich insbesondere dann auswirkte, wenn die Frauen einen traditionell bürgerlichen Hintergrund hatten, die Ehemänner aber aus der Arbeiter- oder Bauernbevölkerung kamen. Die meisten Partner hatten darüber hinaus jahrelang nicht zusammengelebt, weil sie in unterschiedlichen Provinzen eingesetzt waren, was zusätzlich zu erheblichen Entfremdungen führte. Ein chinesischer Kollege brachte es auf den Punkt: »Chinese marriages have high stability but low quality.« Die allzu oft beobachtete Dominanz der hart arbeitenden Frauen und die Abwesenheit oder Schwächen der Männer (bzw. die Sehnsucht nach einem starken Vater) war ein uns beeindruckendes Phänomen.

Die Tabuisierung und Verleugnung der historischen Katastrophe, die in Bermerkungen deutlich wurde wie: »Andere Länder haben auch ihre Probleme«, oder: »Was soll's, alle haben gelitten, so kann man es nur vergessen«, konnten wir aber nur in den Gruppendiskussionen beobachten, also gleichsam in der Öffentlichkeit, in der ein kollektiver Verdrängungsprozeß – ähnlich wie bei uns nach dem Nationalsozialismus – vorherrschte.

Anders stellte es sich dann in der intimen Situation der Selbsterfahrungssitzungen dar. Zu unserem Arbeitssetting gehörte von Beginn an das Angebot an die Gruppenmitglieder, über die fünf Tage einer Seminarsequenz hinweg mit einem der lehrenden Psychoanalytiker Selbsterfahrungsgespräche zu führen. Die Gesprächssituation selbst hielten wir ganz offen, ohne strukturierende Vorgaben. In unseren einleitenden Worten boten wir die Möglichkeit an, über alles zu sprechen, was die Teilnehmer bewegte oder was sie zur Sprache bringen mochten. Die meisten dieser Gespräche wurden auf Englisch geführt; allerdings sprachen fünf Teilnehmer so gut deutsch, daß wir hier auf unsere Muttersprache zurückgreifen konnten.

Sehr bald fiel uns auf, daß diese Selbsterfahrungsgespräche für einige Teilnehmer eine enorme Bedeutung bekamen. Dies zeigte sich in heftigen affektiven Reaktionen während der Gespräche, in der Induktion von Träumen, im Vergessen von vereinbarten Terminen oder in Verspätungen, in hitzigen Diskussionen der Teilnehmer untereinander bis in die späte Nacht. Daneben waren wir beeindruckt von der Tatsache, daß die chinesischen Kollegen in dieser Situation oft Erfahrungen aus der Zeit der Kulturrevolution thematisierten. Von meinen eigenen sieben Gesprächspartnern (A. G.) führten fünf von sich aus ihr Erleben dieser Zeit und die bis heute anhaltenden inneren Reaktionen darauf ins Gespräch ein. Bald wurde für uns das Thema »erzwungene Trennungen« – durch Ermordung, Vertreibung, Verschickung, Inhaftierung – zu einem Fokus, der unsere Aufmerksamkeit in besonderem Maße fesselte. Als Psychoanalytiker interessierte uns sodann die Frage, wie die Einzelnen, die als Kinder oder Enkelkinder von Verfolgten, als selbst Verfolgte, aber auch als Verfolger – z.B. als Mitglied der »Roten Garden« – in die Geschehnisse der Kulturrevolution zwischen 1966 und 1976 verwickelt waren, ihr Erleben verarbeitet hatten. Hierzu gibt es noch keine psychologischen oder psychoanalytischen Studien, und auch in der chinesischen Literatur, im filmischen Schaffen, in der Malerei beginnt die kulturelle Auseinandersetzung mit dieser Zeit erst in den letzten Jahren. Dabei wirkt unseres Erachtens nicht nur die Zensur der Partei mit, sondern es scheint bis in die Familien hinein ein Tabu zu herrschen, detailliert über diese Zeit zu sprechen. Nicht nur in den ethnopsychoanalytischen Gesprächen in China, sondern auch in Psychotherapien mit in Deutschland lebenden Chinesen wurde uns berichtet, daß Eltern oder Großeltern nie von sich aus die damaligen Ereignisse und ihre Verwicklung darin thematisierten und alle Fragen danach mit Schweigen übergingen.

Charakteristik der chinesischen Kulturrevolution

Der Sieg der Kommunisten unter Mao Zedong im chinesischen Bürgerkrieg 1949 war von der Mehrzahl der Chinesen mit Begeisterung begrüßt worden. Zuvor hatte die Bevölkerung des Landes jahrzehntelang unter der Herrschaft der Großgrundbesitzer, unter der Zersplitterung des Reiches, unter imperialistischer Ausbeutung und unter der Invasion der Japaner enorm gelitten (Sterbequote 1949: 3% der Bevölkerung; durchschnittliche Lebenserwartung 36 Jahre; Säuglingssterblichkeit 170 auf 1000 lebendgeborene Kinder; vgl. Forster-Latsch 1996). Aber schon der sogenannte »Große Sprung« 1958 mit der Gründung der Volkskommunen hatte wieder zu einer Katastrophe geführt, in der 20 Millionen Menschen am Hunger starben. Die damit einhergehenden Richtungskämpfe in der Führung der KP versuchten Mao Zedong und seine Gruppe 1966 zu ihren Gunsten zu entscheiden, indem sie die »Große Proletarische Kulturrevolution« ausriefen und eine Massenbewegung entfesselten, vor allem von Jugendlichen, den »Roten Garden«, die sich nicht nur gegen Politiker, Intellektuelle und Künstler richtete, sondern auch gegen viele Kader der KP und gegen einfache Leute. Bürgerkriegsähnliche Zustände, öffentliche Tribunale mit erzwungener Selbstbezichtigung, Verrat und Verleumdung waren an der Tagesordnung; viele Familien wurden auseinandergerissen, ohne Möglichkeit, Kontakt zu halten, und Hunderttausende wurden umgebracht. Die Verfolgungen verloren zwar 1969 an Schärfe, von einem Ende der Kulturrevolution kann aber erst ab 1976 mit dem Tode Mao Zedongs und der Entmachtung der »Viererbande« gesprochen werden.

Die meisten der Teilnehmer unserer zwei Ausbildungsgruppen befanden sich zur Zeit der Kulturrevolution in ihrer Latenz oder Pubertät. Das Durchschnittsalter unserer Teilnehmer betrug 1966, am Anfang der Kulturrevolution, vier Jahre; an ihrem Ende im Jahr 1976 waren diese Teilnehmer im Durchschnitt 14 Jahre alt. 1966 gehörten sechs von ihnen zur Gruppe der Zehn- bis Zwanzigjährigen, 21 von ihnen zur Gruppe der unter Zehnjährigen; acht Teilnehmer sind erst in den Jahren der Kulturrevolution zwischen 1966 und 1976 geboren. Wenn wir im Titel von »Trennungstraumata« sprechen, meinen wir damit zunächst, daß die Zeit, in der sie ihre Kindheit durchliefen, von zahlreichen gewaltsam erzwungenen, von den Betroffenen nicht gewünschten oder selbst herbeigeführten Trennungen von Familienangehörigen, Verwandten und Freunden gekennzeichnet war; zahlreiche Chinesen wurden vertrieben, in Lager oder Gefängnisse inhaftiert, mißhandelt oder gar ermordet. Bei den Verfolgten kam es zu einem Durchbruch des normalen Reizschutzes (vgl. Freud 1920); in unserem psychoanalytischen Verständnis waren sie einer Situation ausgeliefert, die das Ich in einen Zustand der Hilflosigkeit und Überwältigung durch heftige Angst brachte. Da unsere Ausbildungsteilnehmer in der Regel aus Familien von Intellektuellen stammten, hatten sie in besonderem Ausmaß darunter zu leiden. Für die Kulturrevolution galten die Intellektuellen als die »stinkenden Neunten« (also die neunten in einer Aufzählung von bösartigen Elementen). Unter ihnen waren auch die Fälle von Selbstmord besonders häufig, in die sich die Opfer nach öffentlicher Demütigung und Terrorisierung getrieben fühlten; so begingen z.B. 16 von 20 Direktoren der Psychiatrischen Kliniken in der Provinz Kanton Selbstmord (mündliche Mitteilung von Prof. Mo Gan-Ming); bei unseren 34 Teilnehmern hatten sich zwei Väter in dieser Zeit umgebracht. Diese hohe Zahl von Selbstmorden entspricht dem schon von Durkheim (1895) beschriebenen Zusammenhang zwischen sozialer Anomie und Selbstmordrate, hängt aber auch mit der besonderen Bedeutung des Gesichtsverlusts und der Scham in der chinesischen Kultur zusammen.

Für die chinesische Bevölkerung brachte die Kulturrevolution nicht nur die gewaltsame Trennung von Familien mit sich, sondern sie bedeutete auch den Einbruch des Terrors in ein kulturell verbindliches und verläßliches Werte- und Normensystem. Trennung heißt ja auch: Entfremdung. Die traditionellen Werte einer konfuzianisch-hierarchischen Gesellschaftsordnung, welche die Sozialisationsprozesse der Eltern geprägt hatten, waren plötzlich wertlos. Sie wurden von den Jüngeren bekämpft, und die Erwachsenen sahen sich ohnmächtig und desorientiert. Für Intellektuelle und deren Familien führte die Kulturrevolution auch zur Trennung von jeder Verbindung zur außerchinesischen Welt, zu fremden Sprachen und Kulturbezügen. Fremdsprachige Bücher wurden beschlagnahmt und verbrannt, der wissenschaftliche Kontakt zum Ausland abgebrochen.

Individuelle Verarbeitungen

Herr E.

Herr E. ist ein 35jähriger, promovierter Psychologe, der die psychiatrische Abteilung eines Allgemeinkrankenhauses leitet und zugleich Assistenzprofessor an der dortigen medizinischen Hochschule ist. Er wirkt schüchtern und weich, schaut seinen Gesprächspartner immer wieder mit großen, suchenden Augen an. Herr E. eröffnet die Gespräche damit, daß er sich über seine große Liebesbedürftigkeit, die ihn immer wieder beschäftige, klarer werden möchte,. Auch wisse er nicht, ob er sich eigentlich zu Männern hingezogen fühle, lebe er doch mit Frau und Kind zusammen. Dort, in der Familie, ordne er sich unter, fühle sich oft wie ein zweites Kind, und möchte doch aus seiner Abhängigkeitshaltung herausfinden.

Spontan schildert er mir sodann zwei Szenen aus der Zeit der Kulturrevolution, die er mit seiner Gefühlslage in Verbindung sieht: In seinem siebten Lebensjahr mußte die ganze Familie bis auf den Vater 800 Meilen weit wegziehen, weil der Vater ins Gefängnis geworfen wurde. Die Familie mußte in der Fremde zwei Jahre ohne den Vater verbringen und sich durchzuschlagen versuchen; da es keine Heizungsmöglichkeit gab, erlitt er in dieser Zeit Kälteschäden an den Händen, die heute noch immer sichtbar sind. Es sei eine Zeit voller Leid und Pein für ihn gewesen; er habe den Vater sehr vermißt. Im 14. Lebensjahr mußte er von zuhause fortgehen, um für zwei Jahre mit einer Akrobaten- und Musikgruppe umherzuziehen; er selbst spielte dort ein traditionelles chinesisches Streichinstument. Dies war die einzige Alternative, um der Verschickung in die Landarbeit zu entgehen.

Im Verlauf der weiteren Gespräche geht es immer wieder um seine Suche nach tiefen Freundschaften und Zuständen von Verliebtheit als Reaktion auf Gefühle des Abgewiesen- und Ausgeschlossenseins, wie er sie z.B. in seiner Ehe nach der Geburt seines Sohnes erlebte. Deutlich wird dabei eine große Verletzlichkeit allen realen und phantasierten Zurückweisungen und Trennungssituationen gegenüber, die er wie Wiederholungen seiner infantilen Gefühle von Hilf- und Wehrlosigkeit erfährt. Auch seine latente Homosexualität erscheint wie ein Festhalten an seiner kindlichen Liebe zum Vater, wie eine innere Antwort auf den schmerzlich erlebten Verlust am Beginn seiner Latenz. Dieses Festhalten wird auch in der aktuellen Übertragungssituation spürbar, in der deutlichen Abhängigkeitshaltung mir (A. G.) gegenüber, die sich über den gesamten Verlauf der fünf Gespräche hin äußert.

Herr F.

Herr F. ist leitender Arzt eines psychiatrischen Krankenhauses einer alten chinesischen Kaiserstadt von jetzt acht Millionen Einwohnern. Er ist ein freundlicher, im Vergleich zu seinen Kollegen äußerlich eher »westlich« wirkender Mann, der sich gewandt bewegen kann und fast eine gewisse Eleganz ausstrahlt.

Er läßt sich sehr zögernd, gleichsam suchend, auf das Gespräch ein und kann seinen Gesprächspartner zunächst nicht anschauen. In der Gegenübertragung fühlt sich der Analytiker wie isoliert von seinem inneren Geschehen und erlebt sich zugleich wie gehemmt, als müsse er mit ihm sehr behutsam umgehen.

Herr F. berichtet, daß er als jüngstes von drei Kindern in eine gutbürgerliche Familie geboren wurde, die Mutter habe sich um die Kinder gekümmert, der Vater war Ingenieur.

Die Kulturrevolution war für die Familie eine starke Erschütterung. Der Vater wurde mehrmals in öffentlichen Sitzungen, vor den versammelten Nachbarn, gedemütigt. An seinem Arbeitsplatz verlor er den Leitungsposten und mußte harte körperliche Arbeit verrichten. Herr F. mußte die Schule wechseln, strengte sich sehr an, tat dies auch, um, wie er sagt, die Schande, die auf seiner Familie lastete, auszugleichen. Er litt sehr unter der Respektlosigkeit, mit der sein Vater behandelt wurde, ebenso unter der Aussichtslosigkeit, dieses zu ändern. Er selbst durfte, als er 15 Jahre alt war, keine weiterführende Schule mehr besuchen und mußte fünf Jahre lang im Baugewerbe arbeiten, wo er sich ebenso bemühte, gute Leistungen zu zeigen.

Erst 1976 – nach dem Ende der Kulturrevolution – konnte er sein Medizinstudium beginnen. Fünf Jahre hatte er wegen der politischen Entwicklung verloren. Herr F. ist mit einer Schulfreundin verheiratet, er hat einen acht Jahre alten Sohn. Zwei Jahre nach seiner Heirat wurde er für drei Jahre zur Weiterqualifikation zum Psychiater in eine andere Stadt versetzt, die 48 Zugstunden von seiner Frau und dem kleinen Kind entfernt lag. So konnte er die Familie nur zweimal im Jahr besuchen.

Wegen guter Leistungen bekam er nach seiner Facharztausbildung die Möglichkeit, für eine postgraduierte Weiterbildung in den Westen zu gehen. Er fühlte sich sehr einsam, fand dann aber Anschluß an eine christliche Gemeinde und konvertierte. Er hatte sich früher intensiv mit chinesischen Philosophien (Konfuzianismus, Buddhismus) beschäftigt, was ihn innerlich aber nicht erfüllt hatte; der Buddhismus mit seinen Ritualen und dem Offenlassen der Frage nach dem Sinn menschlichen Leidens habe ihn sogar abgestoßen. Nun habe er die Antworten auf seine Lebensfragen aus der Bibel bezogen.

Während Herr F. mir dieses berichtet, beobachte ich, daß sein Gesicht sehr angespannt wirkt, und ich frage mich, warum er den christlichen Glauben als Lebenssinn gewählt haben mag. Im Verlauf der weiteren Gespräche geht es auch um seine Gefühle den ehemaligen Machthabern gegenüber. Er betont, daß er außer bestimmten politischen Führern niemanden direkt gehaßt habe. Er sei zu der Erkenntnis gekommen, daß die Umstände damals viele Menschen in eine Situation brachten, in die auch er hätte hineingeraten können.

Bei Herrn F. fällt besonders der Versuch ins Auge, mögliche aggressiven Regungen unter Kontrolle zu bringen und die mit dem Erlebten verbundene Beschämung zu meistern. Offen bleibt, ob und wie er die Achtung für seinen Vater behalten haben mag. Hilfreich für die Wiederherstellung der Selbstachtung, die er mit der väterlichen und familiären Würde verknüpft sieht, dürften zwei Identifizierungslinien gewesen sein: Einerseits wirkt er durchgehend orientiert an einem hohen Leistungsideal, andererseits überzeugt von einem religiösen Glauben, der Liebe und Verzeihung sogar den eigenen Feinden und Verfolgern gegenüber fordert. Dieser Bezug zur christlichen Religion als einem der eigenen Kultur fremden Sinnzusammenhang stellt sich als Abwehr, aber auch als Kompromißbildung dar. Herr F. wählt nicht eine der in China tradierten Religionen oder Philosophien als sein persönliches Bezugssystem, sondern das aus dem

Westen kommende Christentum. Damit geht er einerseits auf Distanz zur eigenen Kultur und zu den von Gewalt geprägten Erfahrungen der Vergangenheit, wehrt aber andererseits mit dem Gebot der Nächstenliebe auch seinen Haß und seine Rachewünsche ab.

Herr A.

Der zarte, sehr ernst wirkende 32jährige Kollege ist leitender Arzt einer psychiatrischen Abteilung für Akutkranke und Neurotiker einer Acht-Millionen-Stadt. 1981 – er war damals 16 Jahre alt – fiel ihm ein Text, der sich vehement gegen die Psychoanalyse richtete, in die Hand. Dieser Aufsatz habe ihn sehr aufgeregt, und er habe sofort gewußt, daß ihn die Psychoanalyse interessieren könnte, insbesondere, weil er sich schon früh für Philosophie und Kulturgeschichte interessiert habe.

Als er 1965 als zweiter Sohn seiner Eltern geboren wurde, waren beide Eltern Mitglieder der Kommunistischen Partei und Armeeangehörige. Der Großvater väterlicherseits hatte einen größeren landwirtschaftlichen Besitz gehabt, der Bruder der Mutter war mit Chiang Kai Tschek nach Taiwan gegangen. Beides war der Grund dafür, daß die Eltern während der Kulturrevolution unter starken Druck gesetzt wurden. Zunächst wurde die Familie aus ihren sozialen Bindungen gerissen und in eine kleine Stadt umgesiedelt, von dort aus wurde der Vater noch einmal in ein Dorf »verbannt«, von wo aus er die Familie nur einmal im Monat besuchen durfte.

Die ursprünglich in der gebildeten Mittelschicht angesiedelte Familie hatte im Dorf keinerlei Ansehen, und insbesondere der Patient und sein Bruder gingen in die innere Emigration. Der neun Jahre ältere Bruder lernte heimlich Englisch und Mathematik, beeinflußte seinen kleinen Bruder, dies auch zu tun.

Die Mutter bleibt in der Schilderung des Kollegen blaß, eher rigide, zwanghaft. Den Vater hat er in sehr guter Erinnerung, er sei fleißig und freundlich gewesen, und er habe ihn geliebt. Dennoch habe er das Gefühl, ohne Vater aufgewachsen zu sein. Ein Satz des Vaters aus der Zeit seiner Kindheit ist ihm in Erinnerung: »Es gibt immer mehr Berge, es gibt immer mehr Tränen.« Immer wenn der Vater nach Hause kam, brachte er dem Jungen Süßigkeiten mit, die von der

Mutter verboten wurden.

Der Kollege leidet unter Unruhezuständen und Ängsten, er hat einen Hustentick und Zwänge: Er muß seine Hände waschen, wenn er Türklinken berührt hat. Er möchte anders leben, fröhlich und gesellig sein, viele Kontakte haben, fühlt sich aber wie eingeschlossen. Er selbst ist eine Zeit lang in Deutschland gewesen, um zu promovieren (Psychotherapie und chinesische Kultur), konnte dies aber nicht verwirklichen.

Während des Gesprächs ist der Kollege auch der Analytikerin gegenüber isoliert, er nimmt kaum emotionalen Kontakt auf, kommt in einer Stunde zehn Minuten zu spät und sagt, er habe den Termin vergessen. Im Laufe der Zeit kann er sehen, daß er vor der Selbsterfahrung, die er sich so gewünscht hat, massive, wenn auch für ihn noch schwer definierbare Ängst hat.

In diesem Fall geht es um die Sehnsucht nach dem Vater, der, auch als Gegengewicht zur emotional kargen Mutter, selten verfügbar ist und zudem als Intellektueller geächtet. Beide Brüder sind offensichtlich mit dem väterlichen Bildungsideal identifiziert, was aber zu sozialer Isolation führt. Ein heimliches Leben mit den Büchern stellt die Nähe zum Vater her. Das Interesse für westliches Kulturgut (Psychoanalyse!) symbolisiert ebenso wie im Fall des sich zum Christentum bekennenden Herrn F. die Distanz zu den eigenen kulturellen Wurzeln. Die Isolation ist auch in der Beziehung zur Analytikerin spürbar, ebenso wie seine Ambivalenz, sich den tief abgewehrten aggressiven Affekten, die mit den Erinnerungen an seine Kindheit verbunden sind, in der Selbsterfahrung zu stellen.

Die Überbesetzung eines familiären Leistungsideals als kollektives Bewältigungsmuster

Viele unserer Ausbildungsteilnehmer äußerten sich in der Gruppendiskussion zur Kulturrevolution mit Sätzen wie: »Wäre ich älter gewesen, wüßte ich auch nicht, auf welcher Seite ich gestanden hätte.« Andere antworteten mit Affektisolierung und Verleugnung: »Es gab halt in jeder Familie Verfolgte und Verfolger«; »Die Roten Garden waren verführt, das waren nur Mao und seine Clique«; »Mao kann ich hassen, obwohl er viel für unser Land getan hat, aber die anderen waren nur Mitläufer«.

Versuchen wir dagegen, aus der Vielzahl der Selbsterfahrungsgespräche mit den Ausbildungsteilnehmern typische Abwehr- und Bewältigungsmuster herauszugreifen, fällt uns der Mechanismus der »Überbesetzung eines familiären Leistungsideals« auf, wie es besonders in der Kasuistik von Herrn F. deutlich wird. Dieses Konfliktlösungsmuster findet sich vor allem bei Angehörigen chinesischer Familien, die auf die Angriffe, Verfolgungen und erzwungenen Trennungen hin dennoch in ihrem inneren Erleben zusammenrückten. Man muß sich vor Augen halten, daß viele der Verfolgungsmaßnahmen von einem enormen Sadismus gekennzeichnet waren, der auf öffentliche Demütigung abzielte. Wurmser (1990) hat darauf hingewiesen, daß Scham in China weniger auf das Privatleben, als auf den Schutz der sozialen Form bezogen ist, die in der Einhaltung formalisierter sozialer Beziehungen (z.B. eine Haltung der Ehrfurcht des Jüngeren gegenüber dem Älteren und eine Verpflichtung zum Schutz des Älteren gegenüber dem Jüngeren) und tief verwurzelter Riten und Vorschriften ihren Ausdruck findet. Jede Verletzung dieses Systems aufeinander bezogener Regeln und Verpflichtungen bedeutet Gesichtsverlust, der unbedingt vermieden werden muß. So war Scham der Hauptaffekt, mit dem die öffentliche Verfolgung und Demütigung erlebt wurde, und als Reaktion darauf setzte sich in vielen der verfolgten Familien ein für alle verbindliches Ideal durch, die Beschämung durch harte Arbeit und Leistungsbeweise auszugleichen. Diese Bewegung gleicht einem von Lorenzer (1965) beschriebenen Abwehrsyndrom, das in Reaktion auf schwere narzißtische Kränkungen in Kindheit oder Adoleszenz entstehen kann: Dabei kommt es zu einer Form der Isolierung, bei der die Realitätswahrnehmung in Bezug auf das Geschehen erhalten bleibt, die Affekte aber geleugnet werden; zugleich werden die von der Beschädigung betroffenen Werte überbesetzt. Im Falle der von uns untersuchten Chinesen sprechen wir aber mit Parin (1977) von Anpassungsmechanismen, da diese Vorgänge zwar wie die Abwehrmechanismen unbewußt, automatisch und gleichförmig ablaufen, ihr Zweck aber weniger in der Abwehr unerwünscher Triebregungen, Affekte oder Wünsche liegt, sondern in der Bewältigung umwälzender gesellschaftlicher Einflüsse. Bei unseren Gesprächspartnern führten diese Anpassungsmechanismen zu einem relativ konfliktfreien Umgang mit der sozialen Umwelt, zugleich wirkten die Überidentifikation mit der Familie und den hohen Leistungsidealen aber als Erschwernis für altersadäquate Individuations- und Separationsprozesse. Insbesondere das Zulassen und Durcharbeiten aggressiver Regungen gegenüber den Elternfiguren war nicht möglich, so daß es hier unter dem Druck der Scham- und Trennungstraumatisierungen zu anhaltenden Hemmungen im aggressiven Bereich kam.

Es bedarf weiterer Forschung, um zu klären, wieweit der von uns hier beschriebene Abwehrmodus der »Überbesetzung eines familiären Leistungsideals« nicht nur für die kleine Gruppe unserer Ausbildungsteilehmer, sondern für weitere Gruppierungen der chinesischen Gesellschaft typisch ist. Für die kollektive Verarbeitung der Traumatisierung durch die Kulturrevolution bleibt zu wünschen, daß die verschütteten Erinnerungen und Gefühle, die sich in den Einzelgesprächen mit uns Bahn brachen, auch Zugang finden in einen kulturellen Trauerprozeß, welcher der öffentlichen Diskussion bedarf.

Der Beitrag des Settings zur Aktualisierung von Trennungsreaktionen- und Trennungserinnerungen

Aus methodischer Sicht stellt sich die Frage, ob wir mit den spezifischen Settingvorgaben zur Häufigkeit der Thematisierung traumatischer Trennungserfahrungen beigetragen haben. Das Angebot, an fünf Tagen des Kursprogramms jeweils eine Sitzung mit einem der deutschen Psychoanalytiker zu haben, muß bewußte wie unbewußte Erwartungen wecken. In der Regel hatten die Teilnehmer an den beiden analytischen Ausbildungsgruppen sich für diese Therapierichtung ausdrücklich entschieden. Einige Teilnehmer waren allerdings auch von ihren Arbeitseinheiten ohne persönlichen Entscheidungsspielraum zur Belegung unseres speziellen psychoanalytischen Angebotes verpflichtet worden. Aber viele berichteten z.B. von früherer Lektüre einer der ins Chinesische übersetzten Schriften Freuds, dessen Gedankengänge sie zum Verständnis oder zur Lösung eines eigenen inneren Konflikts als hilfreich empfunden hatten. An diese Erfahrungen hofften sie in der Begegnung mit einem westlichen Psychoanalytiker anzuknüpfen. Im Vergleich mit Erstgesprächssequenzen in der hiesigen analytischen Praxis bieten wir mit dem unstrukturierten Gesprächsangebot aber nicht nur einen Raum für das individuell Verdrängte, das sich szenisch und inhaltlich darstellen soll; neben die gewohnte Abstinenz des Analytikers, die zu Übertragungen und Projektionen einlädt, tritt hier in zeitlich äußerst knappem Rahmen die kulturelle Fremdheit zwischen westlichem Analytiker und chinesischem Ausbildungsteilnehmer. Uns Analytikern erschwerte die Konfrontation mit der fremden Kultur, die zur Begegnung mit fremdseelischen Erleben hinzutritt, die Verstehensarbeit; Faszination wie Befremdung wirkten sich als Gegenübertragungswiderstand aus, dessen Bewältigung nicht einfach war. Bei unseren Gesprächsteilnehmern wird dagegen die Fremdheit idealisierend aufgeladen, da wir als Deutsche und analytische Lehrer in ihren Augen über Erfahrungen und Erkenntnisse verfügen, die als erstrebenswert gelten. Die offenen Gespräche mit diesen idealisierten Fremden wecken aber auch Hoffnungen, wieder Zugang zu kulturell tabuisierten Themen zu finden, die sonst eher der individuellen wie kollektiven Verdrängung unterliegen. Insofern wirkt der Fremde hier wie ein Container, der das individuell wie kulturell Verdrängte in sich aufnehmen und bewahren soll.

Während der Begegnung in den Seminarwochen sind die lehrenden Analytiker wie die Ausbildungsteilnehmer besonderen Trennungserlebnissen ausgesetzt: Beide Seiten kommen über Tausende von Kilometern hinweg an einem bestimmten Ort zusammen, um sich nach einer Woche intensiver Begegnung und Annäherung, die auch heftige Übertragungsprozesse anstoßen, wieder zu trennen. Steht am Anfang die Trennung vom gewohnten Ort, von der Familie und vom Arbeitszusammenhang, folgt am Ende die Trennung voneinander, in der Regel ritualisiert über ein Abschlußbankett mit gemeinsamem Essen, Trinken und Singen. Dieses Bankett endet immer mit dem wechselseitigen Austausch von Geschenken und einem plötzlichen Aufbruch aller Teilnehmer, der zwar einerseits das kulturtypische Ende aller chinesischen Bankette ist, hier aber zugleich eine neurotische Kompromißbildung darstellt. Die beschriebene Sequenz hat auch für unser Erleben etwas Gewaltsames an sich; sie mag in besonderer Weise dazu beitragen, daß in Teilnehmern Trennungstraumata reaktualisiert werden, und daß wir Analytiker für diese Trennungserfahrungen besonders offen sind. Beim Abschlußbankett kommt es dann zu einer Inszenierung der unbewußten Trennungsdynamik in einem Vorgang psychosozialen Abwehr: In einem gemeinsamen regressiven Akt wird Nähe hergestellt und ausgedrückt, die durch den plötzlichen Abbruch unterstrichen, deren Vertiefung aber auch abgewehrt wird. Dadurch drängen Trennungsangst und Trennungsaggression umso mehr in die Übertragungssituation des Einzelgesprächs und rühren dort an unverarbeitete Wunden. Diese in der Kürze der Begegnungen zu bearbeiten ist natürlich nicht möglich.

Bibliographie

Abraham, K. (1916): Untersuchungen über die früheste prägenitale Entwicklungsstufe der Libido. In: Abraham, K.: Psychoanalytische Studien I. Frankfurt a. M., 1969 (S. Fischer).

Abraham, K. (1924): Versuch einer Entwicklungsgeschichte der Libido auf Grund der Psychoanalyse seelischer Störungen. In: Abraham, K.: Psychoanalytische Studien I. Frankfurt a. M., 1969 (S. Fischer).

Adorno, Th. W. (1979): Zum Verhältnis von Soziologie und Psychologie. In: Adorno, Th. W.: Soziologische Schriften I. Frankfurt a. M. (Suhrkamp).

Amati-Mehler, J., Argentiere, S., Canestri, J. (1990): The Babel of the Unconscious. In: Int. J. Psycho-Anal. 71, S. 569-583.

Attali, J. (1981): Die kannibalische Ordnung. Von der Magie zur Computermedizin. Frankfurt a. M./New York (Campus).

Behringer, W. (1987): Erhob sich das ganze Land zu ihrer Ausrottung. In: Dülmen, R. v. (Hg.): Hexenwelten, Magie und Imagination. Frankfurt a. M. (Fischer).

Behringer, W. (1988): Hexen. Glaube, Verfolgung, Vermarktung. München (Beck).

Benz, A. E. (1984): Zum Gebärneid der Männer. In: Psyche 38, S. 307-328.

Bettelheim, B. (1954): Die symbolischen Wunden. Pubertätsriten und der Neid des Mannes. München, 1975 (Kindler).

Chakraborty, A., Das, S., Muherji, A. (1983): Koro Epidemic in India. In: Transcult. Psychiat. Rev. 20, S. 150-151.

Cohn, N. (1975): Europe's Inner Demons. An Inquiry Inspired by the Great Witch Hunt. London.

Demos, J. P. (1982): Entertaining Satan. Witchcraft and the Culture of Early New England. Oxford.

Der Traum der Roten Kammer (Hung-lou meng). Ein Roman aus der frühen Tsing-Zeit. Übertragen von Franz Kuhn. Mainz, 1980 (Büchergilde Gutenberg).

Devereux, G. (1967): Angst und Methode in den Verhaltenswissenschaften. München. (Carl Hanser)

Devereux, G. (1974): Normal und anormal. Aufsätze zur allgemeinen Ethnopsychiatrie. Frankfurt a. M. (Suhrkamp).

Devereux, G. (1978): Ethnopsychoanalyse. Die komplementaristische Methode in den Wissenschaften vom Menschen. Frankfurt a. M. (Suhrkamp).

Die Räuber vom Liang Schan Moor (Schui hu tschuan). Übertragen von Franz Kuhn. Frankfurt a. M., 1980 (Insel).

Durkheim, E. (1895): Le Suicide. Paris.

Eissler, K. R. (1958): Bemerkungen zur Technik der psychoanalytischen Behandlung Jugendlicher, nebst einigen Überlegungen zum Problem der Perversion. In: Psyche 20, 1966, S. 37-872.

Erdheim, M. (1982): Die gesellschaftliche Produktion von Unbewußtheit. Eine Einführung in den ethnopsychoanalytischen Prozeß. Frankfurt a. M. (Suhrkamp).

Erdheim, M. (1987): Hexenwahn, Kulturzerstörung und gesellschaftliche Produktion von Unbewußtheit. In: Belgrad, J.; Görlich, H.; König, H.-D. (Hg.): Zur Idee einer psychoanalytischen Sozialforschung. Frankfurt a. M. (Fischer).

Fast, I. (1991): Von der Einheit zur Differenz. Psychoanalyse der Geschlechtsidentität. Frankfurt a.M. (Fischer).

Forster-Latsch, H. (1996): Chinas Aufbruch in die Neuzeit. In: Morgenstern, M. (Hg.): China. München (Apa Publications), S.85-93.

Frank, E. (1988): »Y se lo Comen«: Kritische Studie der Schriftquellen zum Kannibalismus der panosprachigen Indianer Ost-Perus und Brasiliens. Bonn (Holos).
Frazer, J.G. (1910): Totemism and Exogamy. London.
Freud, A. (1970): Einführung in die Psychoanalyse für Pädagogen. Hamburg.
Freud, S. (1905): Drei Abhandlungen zur Sexualtheorie. GW 5
Freud, S. (1912): Über die allgemeinste Erniedrigung des Liebeslebens. GW 8
Freud, S. (1912-13): Totem und Tabu. GW 9
Freud, S. (1915): Triebe und Triebschicksale. GW 10
Freud, S. (1919): Das Unheimliche. GW 7
Freud, S. (1920): Jenseits des Lustprinzips. GW 13
Freud, S. (1921): Massenpsychologie und Ich-Analyse. GW 13
Freud, S. (1927): Die Zukunft einer Illusion. GW 14
Freud, S. (1932): Neue Folge der Vorlesungen zur Einführung in die Psychoanalyse. GW 15
Fromm, E. (1970): Die psychoanalytische Charakterologie und ihre Bedeutung für die Sozialpsychologie. In: Fromm, E.: Analytische Sozialpsychologie und Gesellschaftstheorie. Frankfurt a.M. (Suhrkamp).
Gerlach, A. u. Wengler, B. (1990): Wenn das Feuer in der Leber lodert und die Seele krank ist. Psychiatrische Aspekte in der traditionellen Medizin. In: das neue china 17, S. 9-15.
Gerlach, A. (1995): Kastrationsangst und oraler Neid im Geschlechterverhältnis. In: Psyche 49, 9/10, S. 965-988.
Granet, M. (1929): Die chinesische Zivilisation. Familie, Gesellschaft, Herrschaft. München ,1972 (Piper).
Green, A. (1972): Le Cannibalisme: Réalité ou Fantasme Agi? In: Nouvelle Revue de Psychanalyse, 6, S. 27-52.
Greenson, R. R. (1950): Die Muttersprache und die Mutter. In: Greenson, R. R. (1982): Psychoanalytische Erkundungen. Stuttgart (Klett-Cotta).
Greenson, R. R. (1968): Die Beendigung der Identifizierung mit der Mutter und ihre besondere Bedeutung für den Jungen. In: Greenson, R. R. (1982): Psychoanalytische Erkundungen. Stuttgart (Klett-Cotta).
Heinemann, E. (1998): Hexen und Hexenangst. Eine psychoanalytische Studie des Hexenwahns der frühen Neuzeit. Göttingen (Vandenhoeck & Ruprecht).
Hua Shaoxiang (1998): Sexualität und Patriarchat. Eine kulturvergleichende Darstellung zum Verhältnis der Geschlechter im antiken Griechenland und alten China. Bochum (Vapet).
Jilek, W. u. Jilek-Aall, L. (1977): Massenhysterie mit Koro-Symptomatik in Thailand. In: Schweizer Archiv für Neur., Neurochir. und Psych., 120, S. 257-259.
Kappel, K. u. Sandoe, P. (1994): Saving the Young Before the Old - A Reply to John Harris. Bioethics, Bd. 8.
Kaser, K. (1996): Ahnen und Kannibalen. Zum Problem von Formen und Symbolik verblassender kannibalischer Praktiken auf dem Balkan. In: Röckelein, H. Kannibalismus und europäische Kultur. Tübingen (edition diskord).
Khan, M. M. R. (1973): Cannibalistic Tenderness in Nongenital Sensuality. In: Contemporary Psychoanalysis 9, No. 3.
Klein, M. (1957): Envy and Gratitude. New York.
Klein, M. (1972): Das Seelenleben des Kleinkindes und andere Beiträge zur Psychoanalyse. Reinbek (Rowohlt).
Kobler, F. (1948): Description of an Acute Castration Fear, Based on Superstition. In: Psychoanal. Rev. 35, S. 285-289.
Kuhn, P. A. (1990): Soulstealers. The Chinese Sorcery Scare of 1768. Cambrigde/Mass.
Labouvie, E. (1991): Zauberei und Hexenwerk. Ländlicher Hexenglaube in der Frühen

Neuzeit. Frankfurt a. M. (Fischer).

Lichtenberg, J. D. (1991): Psychoanalyse und Säuglingsforschung. Berlin (Springer).

Lorenzer, A. (1965): Ein Abwehrsyndrom bei traumatischen Verläufen. In: Psyche 18, S. 685-700.

Mc Laren, A. E. (1994): The Chinese Femme Fatale. Stories from the Ming Period. Camberra (Wild peony).

Mentzos, S. (1976): Interpersonale und institutionalisierte Abwehr. Frankfurt a. M. (Suhrkamp).

Mentzos, S. (1982): Neurotische Konfliktverarbeitung. München (Kindler).

Merkel, J. (Hg.) (1988): Die Liebe der Füchsin. Geistergeschichten aus dem alten China. München (Weismann).

Midelfort, H. C. E. (1972): Witch Hunting in Southernwestern Germany 1562-1684. The Social and Intellectuel Foundations. Stanford.

Mo, K. (1994). Koro – A comprehensive Review. Unv. Man.

Monschein, Y. (1988): Der Zauber der Fuchsfee. Entstehung und Wandel eines »Femme-fatale«-Motivs in der chinesischen Literatur. Frankfurt a. M. (Peter Lang).

Muensterberger, M. (1951): Orality and Dependence. Characteristics of Southern Chinese. In: Roheim, G. (Hg.): Psychoanalysis and the Social Sciences 3, S. 37-69.

Muensterberger, W. (1982): Versuch einer transkulturellen Analyse. Der Fall eines chinesischen Offiziers. In: Psyche 36, S. 865-887.

Ngui, P. W. (1969): The Koro Epidemic in Singapore. In: Aust. N. Z. J. Psychiatry 3, S. 263-266.

Parin, P. (1977): Das Ich und die Anpassungsmechanismen. In: Psyche 31, S. 481-515.

Parin, P., Morgenthaler, F., Parin-Matthèy, G. (1983): Die Weißen denken zuviel. Psychoanalytische Untersuchungen bei den Dogon in Westafrika. Frankfurt a. M. (Fischer).

Parin, P., Morgenthaler, F., Parin-Matthèy, G. (1971): Fürchte deinen Nächsten wie dich selbst. Psychoanalyse und Gesellschaft am Modell der Agni in Westafrika. Frankfurt a. M. (Suhrkamp).

Peter-Röcher, H. (1994): Kannibalismus in der prähistorischen Forschung. Studien zu einer paradigmatischen Deutung und ihren Grundlagen. Bonn (R. Habelt).

Reiche, R. (1990): Geschlechterspannung. Eine psychoanalytische Untersuchung. Frankfurt a.M.

Reichmayr, J. (1995): Einführung in die Ethnopsychoanalyse. Geschichte, Theorien und Methoden. Frankfurt a. M. (Fischer).

Röckelein, H. (1996): Kannibalismus und europäische Kultur. Tübingen (edition diskord).

Roper, L. (1995): Ödipus und der Teufel. Körper und Psyche in der Frühen Neuzeit. Frankfurt a. M. (Fischer).

Rotter, L. (1934): Zur Psychologie der weiblichen Sexualität. In: Rotter, L. (1989): Sex-Appeal und männliche Ohnmacht. Psychoanalytische Schriften. Begleitet von A. Benz. Freiburg (Kore).

Sagan, E. (1974): Human Aggression and Cultural Form. New York (Harper and Row).

Schmidt, W. (1993): Der Klassiker des gelben Kaisers zur inneren Medizin (Huangdi Neijing Suwen Ji). Freiburg (Herder).

Schneider, I. (1995): Föten. Der neue medizinische Rohstoff. Frankfurt a. M. (Campus).

Shengold, L. (1995): Soul Murder. Seelenmord – die Auswirkungen von Mißbrauch und Vernachlässigung in der Kindheit. Frankfurt a. M. (Brandes&Apsel)

Smith, W. R. (1907): The Religion of the Semites. London.

Suwanlert, S. u. Coates, D. (1979): Epidemic Koro in Thailand – Clinical and Social Aspects. In: Transcultural Psych. Res. 16, S. 64-66.

Tang, N. M. (1992): Some Psychoanalytic Implications of Chinese Philosophy and Child-

Rearing Practices. In: Psychoanal. St. Child 47, S. 371-389.
Tseng, W. (1988): A Sociocultural Study of Koro Epidemics in Guangdong, China. In: Am. J. Psych. 145, S. 1538-1543.
Van Gulik, R. H. (1951): Erotic colour prints of the Ming period. Leiden (Selbstverlag).
Van Gulik, R. H. (1974): Sexual Life in Ancient China. Leiden (Brill).
Weakland, J. H. (1956): Orality in Chinese Conceptions of Male Genital Sexuality. In: Psychiatry 19.
Wendt, A. (1989): Kannibalismus in Brasilien. Eine Analyse europäischer Reiseberichte und Amerika-Darstellungen für die Zeit zwischen 1500 und 1654. Frankfurt a. M. (Peter Lang).
Wurmser, L. (1990): Die Maske der Scham. Die Psychoanalyse von Schamaffekten und Schamkonflikten. Berlin (Springer).

Nachweise

Die bemächtigende Frau: Neid und Angst im chinesischen Geschlechterverhältnis: Die ethnologischen Beobachtungen dieser Arbeit bilden einen Teil meiner Studie *Kastrationsangst und oraler Neid in der eigenen und fremden Kultur*. In: *Psyche* 49, 1995, S. 965-988.

Hexenforschung in Psychoanalyse und Geschichtswissenschaft: Erstveröffentlichung

Die Verdrängung des Kannibalismus - und seine Wiederkehr in Sexualität und Kultur: Thesen dieser Arbeit gehen auf einen Beitrag zum Symposium »Kannibalismus und europäische Kultur« der Werner-Reimers-Stiftung/Bad Homburg zurück. Sie sind unter dem Titel *Kannibalische Liebe, kannibalischer Haß. Psychoanalytische Überlegungen zu kannibalischen Phantasien und Ritualen erschienen in*: H. *Röckelein* (*Hg.*). *Kannibalismus und europäische Kultur. Tübingen*, 1996 (*edition diskord*), S. 207-232.

Die Tigerkuh: Erstveröffentlichung

Vatersprache, Muttersprache. Die Psychoanalyse einer französischsprachigen Patientin - Versuch einer Verständigung im interkulturellen Raum: Unveränderter Nachdruck eines Beitrags aus: P. *Möhring und* R. *Apsel* (*Hg.*). *Interkulturelle psychoanalytische Therapie. Frankfurt a.*M., 1995 (*Brandes & Apsel*), S. 143-161.

Trennungstraumata in der chinesischen Kultur: Überarbeitete Fassung eines Vortrags, gehalten auf der Jahrestagung 1998 der Deutschen Gesellschaft für Psychoanalyse, Psychotherapie, Psychosomatik und Tiefenpsychologie, in: A.-M. *Schlösser und* K. *Höhfeld* (*Hg.*). *Trennungen. Gießen*, 1999 (*Psychosozial-Verlag*), S. 359-371.

Über den Autor

Dr. med Alf Gerlach ist Diplom-Soziologe und Arzt. Psychoanalytische Ausbildung am Sigmund-Freud-Institut Frankfurt am Main. Nach 12 Jahren Tätigkeit in der Abteilung Psychotherapie und Psychosomatik der Frankfurter Universitätskliniken bei Prof.Dr. S.Mentzos seit 1986 niedergelassen in eigener psychoanalytischer Praxis, seit 1992 in Saarbrücken. Lehranalytiker der DPV und DGPT, Mitglied des Vorstandes der DGPT. Seit 1983 ethnopsychoanalytische Forschung in China.

September 2000 · 336 Seiten
Broschur
DM 69,– · öS 504,–
SFr 62,50 · EUR 35,28
ISBN 3-89806-035-7

Die psychoanalytische Theorie bildet den Rahmen für verschiedene Ansätze, das „Fremde“ als Bestandteil der psychischen Wirklichkeit zu beschreiben und zu verstehen. Konkreten Manifestationen des Fremden wird in folgenden Bereichen nachgegangen: im Raum der eigenen, mitteleuropäischen Gesellschaft, im Blick auf fremde Kulturen (Trennendes und Gemeinsames) sowie in der Analyse des „Fremden“ in der psychoanalytischen Theorie und Praxis selbst.

„Als Psychoanalytiker sind wir gefordert, die Möglichkeiten unseres Faches in den Dienst der Aufklärung der sich ausbreitenden kollektiven Abwehrformen von Fremdem zu stellen.“ (aus dem Vorwort von Ulrich Streeck)

Mit Beiträgen von:
Claus Leggewie, Annette Streeck-Fischer, Michael J. Schulte-Markwort, Joachim Zeiler, Mohammad E. Ardjomandi, Alf Gerlach, Christian Maier, Ralf Zwiebel, Irmhild Kohte-Meyer, Eva-Maria Nasner-Maas, Aribert Muhs, Klaus Lieberz, Mario Erdheim, Gerd Böttcher, Günther Bittner, Mathias Hirsch, Thomas Auchter, Werner Pohlmann, Helmut Ockel, Eckhard Hosemann, Wilfried Ruff, Brigitte Boothe, Barbara Gissrau, Peter Diederichs

---

PSV
Psychosozial-Verlag

1999 · 560 Seiten
121 Abbildungen
Broschur
DM 98,– · öS 715,– · SFr 89,–
ISBN 3-932133-60-9

Juca und Gábor Magos-Gimes, ein 1957 aus Ungarn in die Schweiz geflüchtetes Ehepaar, idealistische Kommunisten aus jüdischen Intellektuellenfamilien, haben der Autorin ihre Lebensgeschichten erzählt. Regula Schieß, Psychoanalytikerin und Therapeutin, hat das Berichtete durch eigene Recherchen ergänzt. Das Resultat ist eine anschauliche und spannende Geschichtsschreibung, welche die großen Themen Psychoanalyse, Faschismus, Krieg, Sozialismus und Flüchtlingsdasein zeigt, wie sie von den Menschen in ihrem Alltag gelebt und diskutiert wurden.

Durch die Collagetechnik ihres Berichtes erreicht es die Autorin, die lebensgeschichtliche Optik so zu erweitern, daß der Mensch mehr von seiner Dimension als sozialem Wesen preisgibt, als er dies mit eigenen Worten vermag. Sie montiert das von Juca und Gábor erzählte autobiographische Material, die Bild- und anderen Dokumente, die Aussagen von Freunden sowie die aus den Recherchen der Autorin stammenden essayhaften Abschnitte entlang der Zeitachse von 1900 bis 1990.

Beinahe wäre ein Bildungsroman des letzten Jahrhunderts daraus geworden, aber die Figuren sind echt und, jeder, ob Autor oder Interviewpartner, wird zitiert und bleibt erkennbar.

2000 · ca. 220 Seiten
Broschur
DM 39,80 · öS 291,–
SFr 37,– · EUR 20,35
ISBN 3-89806-044-6

Die Möglichkeit, politische oder ökonomische Macht auszuüben, nährt Größen- und Allmachtsphantasien. Umgekehrt bahnen Karrierestreben und Rücksichtslosigkeit den Weg zu den Schaltzentralen der Macht. In detaillierten Fallstudien – u. a. über den Skinhead Max, den Pädophilen Ivo, Ministerpräsident Uwe Barschel, Ex-Bundeskanzler Helmut Kohl und Serbenführer Slobodan Milosevic – analysiert der Autor die Verflechtungen zwischen der individuellen Psychopathologie und den ethnischen, religiösen und kulturellen Identitätskonflikten der Gruppe.

»Bibliothek der Psychoanalyse« im Psychosozial-Verlag herausgegeben von Hans-Jürgen Wirth

Karl Abraham: Psychoanalytische Studien. 2 Bände.
Karin Bell, Kurt Höhfeld (Hg.): Psychoanalyse im Wandel.
Karin Bell, Kurt Höhfeld (Hg.): Aggression und seelische Krankheit.
Heike Bernhardt, Regine Lockot (Hg.): Mit ohne Freud.
Jaap Bos: Autorität und Erkenntnis in der Psychoanalyse.
Rosemarie Eckes-Lapp, Jürgen Körner (Hg.): Psychoanalyse im sozialen Feld.
W. R. D. Fairbairn: Das Selbst und die inneren Objekte.
Otto Fenichel: Aufsätze. 2 Bände.
Otto Fenichel: Psychoanalytische Neurosenlehre. 3 Bände.
Alf Gerlach: Die Tigerkuh.
André Green: Geheime Verrücktheit.
Jürgen Hardt u. a. (Hg.): Wissen und Autorität in der psychoanalytischen Beziehung.
André Haynal: Die Technik-Debatte in der Psychoanalyse.
Robert Heim: Utopie und Melancholie der vaterlosen Gesellschaft.
Mathias Hirsch (Hg.): Der eigene Körper als Objekt.
Mathias Hirsch: Realer Inzest.
Kurt Höhfeld, Anne-Marie Schlösser (Hg.): Psychoanalyse der Liebe.
Maurice Hurni, Giovanna Stoll: Der Haß auf die Liebe.
Ludwig Janus: Die Psychoanalyse der vorgeburtlichen Lebenszeit und der Geburt.
Marina Leitner: Ein gut gehütetes Geheimnis.
Marianne Leuzinger-Bohleber (Hg.): Psychoanalysen im Rückblick.
E. James Lieberman: Otto Rank – Leben und Werk.
Hans-Martin Lohmann (Hg.): Das Unbehagen in der Psychoanalyse.
Christiane Ludwig-Körner: Wiederentdeckt – Psychoanalytikerinnen in Berlin.
Esther Menaker: Schwierige Loyalitäten.
Wolfgang E. Milch u. a. (Hg.): Die Deutung im therapeutischen Prozeß.
Emilio Modena (Hg.): Das Faschismus-Syndrom.
Ludwig Nagl u. a. (Hg.): Philosophie und Psychoanalyse.
Otto Rank: Das Trauma der Geburt.
Otto Rank: Kunst und Künstler.
Reimut Reiche: Geschlechterspannung.
Paul Roazen: Sigmund Freud und sein Kreis.
Paul Roazen: Wie Freud arbeitete. Berichte von Patienten aus erster Hand.
Anne-Marie Schlösser, Kurt Höhfeld (Hg.): Trauma und Konflikt.
Anne-Marie Schlösser, Kurt Höhfeld (Hg.): Trennungen.
Anne-Marie Schlösser, Kurt Höhfeld (Hg.): Psychoanalyse als Beruf.
Johann August Schülein: Die Logik der Psychoanalyse.
Robert J. Stoller: Perversion. Die erotische Form von Haß.
Ulrich Streeck (Hg.): Das Fremde in der Psychoanalyse.
Neville Symington: Narzißmus.
Vamik D. Volkan: Das Versagen der Diplomatie.
Siegfried Zepf: Allgemeine psychoanalytische Neurosenlehre.

www.ingramcontent.com/pod-product-compliance
Ingram Content Group UK Ltd.
Pitfield, Milton Keynes, MK11 3LW, UK
UKHW040026200726
13854UKWH00001B/380

9 783898 060325